U0881224

新时代智库出版的领跑者

感谢国家社科基金“‘一带一路’沿线国家信息数据库”重大专项支持
（项目号：17VDL001，项目组长：刘元春）

本丛书为国家社科基金重大研究专项“推动绿色‘一带一路’建设研究”
（项目号：18VDL009）、国家社科基金一般项目“新时代中国能源外交战略研究”
（项目号：18BGJ024）的阶段性成果

智库 中社
国家智库报告 2023（15）
National Think Tank
“一带一路”区域国别丛书 10
总主编 刘元春 执行主编 许勤华

国家高端智库 CHINA TOP THINK TANKS
中国人民大学
国家发展与战略研究院
National Academy of Development and Strategy, RUC

地缘政治节点上的亚美尼亚

郑云天 著

THE AREA STUDY OF THE BELT AND ROAD INITIATIVE:
ANALYSIS ON ARMENIAN GEOPOLITICS

中国社会科学出版社

图书在版编目(CIP)数据

地缘政治节点上的亚美尼亚 / 郑云天著. —北京：中国社会科学出版社，2023.6

（国家智库报告）

ISBN 978-7-5227-1633-6

Ⅰ.①地… Ⅱ.①郑… Ⅲ.①地缘政治学—研究—亚美尼亚 Ⅳ.①D736.9

中国国家版本馆 CIP 数据核字（2023）第 067565 号

出 版 人 赵剑英
项目统筹 王 茵 喻 苗
责任编辑 范晨星
责任校对 赵雪姣
责任印制 李寡寡

出 版 中国社会科学出版社
社 址 北京鼓楼西大街甲 158 号
邮 编 100720
网 址 http://www.csspw.cn
发 行 部 010-84083685
门 市 部 010-84029450
经 销 新华书店及其他书店

印刷装订 北京君升印刷有限公司
版 次 2023 年 6 月第 1 版
印 次 2023 年 6 月第 1 次印刷

开 本 787×1092 1/16
印 张 9
插 页 2
字 数 85 千字
定 价 49.00 元

凡购买中国社会科学出版社图书，如有质量问题请与本社营销中心联系调换
电话：010-84083683

中国人民大学国家发展与战略研究院
“一带一路”区域国别丛书
编 委 会

总　序

中国人民大学国家发展与战略研究院“一带一路”研究中心集中国人民大学国际关系学院、经济学院、环境学院、财政金融学院、法学院、公共管理学院、商学院、社会与人口学院、哲学院、外国语学院和重阳金融研究院的相关人文社科优势学科团队共二十位研究员，组成了中国人民大学国家高端智库领导下的全校“一带一路”研究的整合平台和多学科研究团队，着力于提供“一带一路”倡议的智力支持，为学校“一带一路”研究、区域国别学科和国家安全学科建设作出贡献。

团队围绕“一带一路”建设与中国国家发展、“一带一路”倡议对接沿线国家发展战略、“一带一路”倡议与新型全球化、“一带一路”倡议关键建设领域（基础设施投资、文明互鉴、绿色发展、风险治理、区域整合）四大议题展开研究，致力于构建“一带一路”沿线国家信息数据库，并在大数据基础上，深入分析沿线国家军事、政治、经济、社会和环境变化，推出“一带一路”区域国别丛书年度系列，为促进“一带一路”建设夯实理论基础，提供政策制定的智力支撑。国别报告对“一带一路”地区关键合作64个对象国进行分类研究，规划为文化系列、安全系列和金融系列三个系列。

习近平主席倡导国与国之间的文明互鉴，强调文化共融是国际合作成败的基础，深入了解合作国家的安全形势是保障双方合作顺利的前提，资金渠道的畅通是实现“一带一路”建设共商、共建、共享的关键。当今世界正在经历百年未有之大变局，“一带一路”倡议面临着巨大的机遇与挑战，因此我们首先完成国别研究的安全系列，希冀为“一带一路”合作保驾护航。在国家社科重大项目“‘一带一路’沿线国家信息数据库”（项目组长刘元春教授）完成后，数据库将在条件成熟时，尝试以可视化形式在国发院官网呈现。这也是推出国别报告正式出版物的宗旨。国发院积极为国内外各界提供内部政策报告以及产学研界亟需的社会公共研究产品，作为“世界一流高校”为国家社科建设贡献一份力量。

感谢全国哲学社会科学工作办公室的信任，感谢项目其他两个兄弟单位上海社会科学院和兰州大学的协作，三家在“一带一路”建设重大专项国别和数据库项目研究中通力合作、充分交流，举办了各类学术交流活动，体现了在全国哲学社会科学工作办公室领导下的一种成功的、新型的、跨研究机构的合作研究形式，中国人民大学能够作为三家单位合作研究的秘书处单位深感荣幸。

项目执行组长　许勤华

中国人民大学国际关系学院教授

中国人民大学国家发展与战略研究院副院长

中国人民大学欧亚研究院执行院长

摘要：本报告将以“‘一带一路’沿线国家信息数据库”为基础，重点研究亚美尼亚的地缘政治，为加强在共建“一带一路”视野下深化中国与亚美尼亚的合作提供参考。报告主要分为以下几部分：一是简要介绍亚美尼亚基本情况；二是探讨亚美尼亚的历史演进、文化与民族认同和宗教独特性；三是梳理亚美尼亚独立后的发展状况，包括经济转型、参与区域经济一体化、后共产主义运动、人口问题及海外族裔等；四是解析亚美尼亚的地缘战略安全，包括“天鹅绒革命”后的政局、俄美博弈下的复杂处境、与土耳其的长期对立以及与阿塞拜疆的领土争端等；五是研判展望亚美尼亚在共建“一带一路”中的定位及前景。本报告的研究方法主要有文献分析法、数据分析法和比较分析法等。

关键词：共建“一带一路”；亚美尼亚；欧亚地区；地缘政治

Abstract: This book is based on the information database of "Belt and Road", focused on analyzing Armenian geopolitics and offering some references on enhancing the cooperation between China and Armenia under the "Belt and Road" Initiative. There are five parts. First, introducing the basic information of Armenia. Second, describing thehistory, cultural and national identity, and unique religion of Armenia. Third, analyzing developing situation of Armenia since its independence, including economic transformation, participating regional economic integration (Eurasian Economic Union), post-communist movement, population problems and ethnic group overseas. Fourth, discussing the geostrategic security of Armenia, including the domestic political conditions after "Velvet Revolution", the complicated situation in the games between Russia and the USA, the rivalry against Turkey on the "Armenian Genocide" and the military conflict against Azerbaijan on territorial issues. Fifth, analyzing the position and prospect of Armenia in the "Belt and Road" Initiative. The methodologies are mainly literature analysis, data analysis and comparative analysis.

Key words: "Belt and Road" Initiative, Armenia, Eurasia, Geopolitics

目　录

绪　论

亚美尼亚共和国面积不足 3 万平方千米，人口约 300 万，是南高加索地区规模最小的国家。它不仅位于亚欧大陆的交汇地带，而且被格鲁吉亚、阿塞拜疆、土耳其和伊朗环绕，是名副其实的欧亚腹地。历史上亚美尼亚民族曾谱写出独特鲜明的历史轨迹，作为世界上第一个将基督教定为国教且一直传承至今的国度，它具有独树一帜的深厚文化积淀。近代以来，它曾被奥斯曼土耳其帝国统治，遭受过统治者的屠戮，其后成为苏联的加盟共和国，境况相对平稳。苏联解体后获得独立，但又与邻国不断发生冲突，国内经济屡遭重创，周边安全环境始终充满不确定性。近年来，亚美尼亚的经济、政治与社会发展尽管逐步趋于稳健，但仍迫切寻求在欧亚经济联盟和共建“一带一路”框架下取得更大发展。

2019 年 11 月，笔者受中国人民大学国家发展与战略研究院资助，应邀赴亚美尼亚首都埃里温，出席由埃里温国立大学（Yerevan State University）、“中国—欧亚战略研究中心”（“China-Eurasia” Council for Political and Strategic Research，Foundation）为庆祝中华人民共和国成立70周年而特别召开的第二届“当代中国与欧亚地区”国际学术研讨会并发表主旨演讲，与当地高校和智库商讨开展合作交流。实地探访这个古老而独特的国家，一种难以名状的异域风情总是萦绕在心里。亚美尼亚随处都体现着欧亚文明的交融，从环境、建筑、人们的外貌和饮食到交谈中流露出的价值观念，既有欧洲的影子，又有苏联、俄罗斯的烙印，还有中东西亚的特质，它们表面上形态迥异、彼此矛盾甚至冲突，但实际上却都能在亚美尼亚和谐共存，时刻给人带来恍若隔世的难忘体验。此后，笔者所在的中国人民大学国际关系学院世界社会主义研究所与“中国—欧亚战略研究中心”联合举办了庆祝中国共产党建党100周年研讨会、第三届“当代中国与欧亚地区”论坛以及庆祝中国与亚美尼亚建交30周年研讨会等多个国际会议，合作出版了两本专著，分别是 *China and Eurasia：Rethinking Cooperation and Contradictions in the Era of Changing World Order*（中文译名《百年未有之大变局下中国与欧亚地区合作与矛盾的再思考》，2021年由Routledge全球发行，笔者的一篇论文被收录其中，且受邀撰写中文序言）与 *China and Eurasian Powers in a Multipolar World Order* 2.0：*Security*，*Economy and Cyberspace*（中文译名《多极世界秩序2.0时代的中国与欧亚大陆》，2022年由Routledge全球发行，笔者的一篇论文被收录其中，且受邀撰写中文序言），都取得了较好的国际反响。2022年7月，中国人民大学国际关系学院与“中国—欧亚战略研究中心”签订合作备忘录，将为推动两国学术与人文交流创造新的历史机遇。

当更进一步体察亚美尼亚的地缘环境，又能发现一些错综交织的问题。南高加索三国的领土紧密衔接，但风格各有不同。东边的格鲁吉亚毗邻黑海，与俄罗斯接壤，两国关系曾十分密切，但2008年俄格战争后，关系出现震荡，格鲁吉亚日益向北约和欧盟靠拢；西边的阿塞拜疆毗邻里海，能源储备丰富，令众多国家艳羡，其世俗化的伊斯兰教信仰也能够在中亚和中东国家博得一席之地；唯独夹在中间的亚美尼亚从资源禀赋到地缘优势均难以与上述两国相提并论，因而长期以来不得不凭借其善于经商的传统和海外离散族裔的影响力，在逆境中求生，一方面时常表现出哀婉悲切的内在气质，另一方面也具有坚忍不拔的精神和强烈的民族凝聚力。

习近平主席多次在公开场合强调，中国和亚美尼亚作为文明古国，均具有悠久的发展历史，以古丝绸之路为纽带，两国民众的友谊始终持续到现在。2022年，中国与亚美尼亚建交30周年。目前，两国友好关系持续平稳发展。中方也期望能够加强与亚美尼亚在各领域的交流合作，取长补短，为巩固两国长期友好关系、推进建设“一带一路”提供全力保障，助力区域合作向前发展。这些年发展中，以共建“一带一路”框架为指引，中国与亚美尼亚开展了大量务实合作。中方也期望能够和亚美尼亚一道，挖掘合作潜力，推进两国在能源、矿产、贸易投资、基础设施建设等相关领域的合作交流。另外，两国应推进做好人文交流，做好反恐和执法安全合作，加大对“三股势力”的严厉打击。中亚双方于2019年签订互免签证协定，该协定生效日为2020年1月19日。当然，在欧亚地区，亚美尼亚也成为第二个和我国实现免签的国家。共建“一带一路”为亚美尼亚摆脱地缘劣势带来了崭新的历史机遇，在确保亚美尼亚发展战略能够得以如期实现并增强民众生活质量的基础上，也有助于巩固中国在南高加索地区的认同感和影响力。

本报告为国家社会科学基金重大专项“一带一路沿线国家信息数据库”（项目编号：17VDL001）阶段性研究成果，为人们加强对“一带一路”领域和南高加索地区的国别分析提供一定的借鉴。在此课题分析中，我负责南高加索国别研究课题组主持工作，这里也特别感谢中国人民大学许勤华教授对本报告在思路构建、内容写作、后期修改期间提出的宝贵意见，感谢“中国—欧亚战略研究中心”主任麦哈什·萨哈基扬（Mher Sahakyan）先生及家人的大力支持，感谢中国社会科学院徐坡岭研究员提供的重要数据支持，感谢中国人民大学潘诗姮和我指导的亚美尼亚籍硕士那斯雅（Araksya Nersisyan）的鼓励。考虑到个人能力欠缺、写作时间短等因素的限制，本报告写作中难免存在诸多不完善的地方，请各位读者不吝赐教。

2022 年 12 月于北京

一　亚美尼亚简况

亚美尼亚共和国（Armenia，Армении，亚美尼亚语：Հայ աստանի Հանրապետու թյ ու ն），简称亚美尼亚，位于南高加索地区，地处欧亚交界位置。从行政疆界上讲，该国地处里海、黑海中间位置，西部和土耳其相邻，北部和格鲁吉亚相邻，东部和阿塞拜疆接壤，南部紧邻纳希切万自治共和国（阿塞拜疆）。亚美尼亚首都为埃里温，国土面积 2.98 万平方千米（排名世界第 135 位），人口约 279 万人（截至 2021 年）。[①]

作为世界文明最早的发源地之一，亚美尼亚曾经被称为“Hayq”，后来又被叫作“哈亚斯坦”，这个名字起源于亚美尼亚人祖先的名字——“Hayk”。亚美尼亚是最古老的国家之一，因为史前这里就曾经繁盛过，还曾经被认为是圣经中的伊甸园。从文化、历史

---

① 资料来源：https://www.kylc.com/stats/global/yearly_overview/g_population_total.html.

和政治上来说，亚美尼亚被认为是欧洲的一部分，然而，其所处的南高加索的特殊性意味着它也可以被视为处在欧洲和亚洲的交界，经常被认定为亚洲国家，因此，亚美尼亚是个名副其实的横跨亚欧大陆的国家。[①] 官方语言是亚美尼亚语，但俄语使用率较高，英语相对不够普及，货币是亚美尼亚德拉姆（Armenian Dram，AMD），国家代码为“ARM”。

自古以来，亚美尼亚人认为该国最高的山和圣经的象征是亚拉腊山（Ararat，亦称阿拉拉特山），但由于历史原因，它位于今天土耳其境内。在群山中，在亚美尼亚境内的最高峰高达4090米，它吸引着大批的登山爱好者和自然、地质学家前来探索考察。亚美尼亚河流流入南高加索的两条流域内，一条是北部的库拉河（Kura），另一条是南部的阿拉克斯河（Araks）。亚美尼亚最低处是390米的阿拉克斯河峡谷。亚拉腊平原被阿拉克斯河分开，亚美尼亚西南部分就属于亚拉腊平原。塞万湖（Sevan）是目前亚美尼亚最大的蓄水池，占据5%的国土面积。湖泊水质干净透彻，由于风景优美独特，人们可以在这里感受到融洽的氛围，领略到独特的内陆自然美。同时，塞万湖在亚美尼亚中心

① 外高加索和南高加索在本报告中都是指格鲁吉亚、亚美尼亚和阿塞拜疆所组成的地区。格鲁吉亚通常被认为是欧洲国家，阿塞拜疆被认为是亚洲国家（但其经常参与欧盟的各项事务，试图让自己成为欧洲的一部分），亚美尼亚夹在两国中间，其认定就更加模糊。

地区形成了一个位于海拔2000米高的巨大洼地。

亚美尼亚能源资源贫乏，石油和天然气均依赖进口，但金属和非金属矿藏较为丰富。主要金属矿藏有铁、铜、钼、铅、锌、金、银、锑、铝等，最初的青铜和铁器铸造也追溯到这个地区。金属工业让这里的部落日渐强大，他们控制了罗马帝国、美索不达米亚和亚洲的商业。虽然山川多岩石，但是土壤肥沃，再加上大量的河流、湖泊和地下水库，使得这里在很早的时候就大规模地发展了农业。世界上的十个主要的地理区域，亚美尼亚拥有7种，包括大面积的橡树、松树和榆树林，起伏的高山草甸，沼泽、沙漠和丰富的农田。亚美尼亚只有1/3的土地适合耕种，在当地人们的勤奋耕作下，作物生长繁盛，保证了粮食供给。

从行政划分上，亚美尼亚有10个州以及1个州级市，分别为科泰克州、阿尔马维尔州、阿拉加措特恩州、塔武什州、瓦约茨·佐尔州、阿拉拉特州、洛里州、希拉克州、格加尔库尼克州、休尼克州、埃里温市。同时，亚美尼亚和阿塞拜疆存在领土争端的纳戈尔诺—卡拉巴赫地区中，亚美尼亚族在全部民众中占比高达75%。21世纪以来，这里的控制主体为“卡拉巴赫共和国”，由亚美尼亚人创建，并将这一地区划分为6个不同的行政州。

亚美尼亚国庆日为9月21日，国歌为《我们的祖国》。国旗呈横长方形，国旗颜色自上而下分别为红、蓝、橙。其中，红色代表为实现国家独立而英勇献身烈士们的鲜血，代表国家革命的胜利；蓝色代表亚美尼亚资源类型种类多样；橙色则具有希望、光明的意味。亚美尼亚第一共和国于1918年组建成立以来，一直使用这一国旗。1920—1991年，亚美尼亚作为原苏联的一个加盟共和国，这一时期亚美尼亚国旗是在原苏联国旗旗面中加一个稍宽的蓝色横条。1991年，随着苏联解体，亚美尼亚宣布独立，红、蓝、橙三色旗重新恢复使用。

1992年4月29日，亚美尼亚正式启用国徽，以亚美尼亚第一共和国国徽为参照进行设计，设计元素为一盾徽，由狮子、鹰护持。中间小盾描绘的场景是诺亚方舟停于阿拉腊山山顶，表明该国拥有丰富优美的自然景色。盾的其他部分分为四个不同的象限，四周的四组图案表示亚美尼亚历经的四个不同的王国：左下角图案描绘的是双鹰回头对视，代表阿尔塔什斯王朝；左上角图案描绘的是背负十字架的狮子，代表巴格拉提德王朝；右上角图案描绘的是双头鹰，代表阿萨息斯王朝；右下角图案描绘的是爪持十字架的狮子，代表鲁本王朝。四个不同象限也代表国家发展历史非常悠久。①

① 常颖、田欣欣：《“一带一路”国别概览：亚美尼亚》，大连海事大学出版社2018年版，第37页。

二　亚美尼亚的历史底蕴和文化特质

亚美尼亚具有悠久的人类文明史，在世界范围内独树一帜，自古就在丝绸之路上与中国形成密切的商贸和文化交往关系。尽管它重要却敏感的地缘位置决定了其千百年多舛的命运，但基督教和伊斯兰教在此碰撞，亚细亚文明和欧洲文明不断交汇，也造就其丰富而独特的文化基因。

（一）亚美尼亚的历史演进

亚美尼亚是全球最古老的民族之一，莫夫希斯·寇伦纳西在其著作《亚美尼亚历史》中特别强调，亚美尼亚王国于公元前2107年组建成立，并且于公元前1824年，政治及地理概念上的亚美尼亚开始出现。公元前16世纪，在亚美尼亚高原，亚美尼亚人祖先开始在这里生活。公元前9—前6世纪建立的乌拉尔图王国是今亚美尼亚领土上出现的最古老的奴隶制国家。公元前2—前1世纪，大亚美尼亚国正式组建成立，并在当时拥有非常强盛的国力。随后，由于邻国的崛起，将大亚美尼亚国吞并，此后，外族政权开启了对亚美尼亚长时间的统治。期间，亚美尼亚人失去了政治独立，不过人们却始终保持原有的民族特征及基督教信仰，遭到外来民族压迫的亚美尼亚人的民族凝聚力进一步增强。

15世纪，奥斯曼帝国占领了亚美尼亚诸多领土，同时推行一种叫作“米勒特制”的宗教团体自治制度，也就是聘用东正教主教管理当地民事、宗教等领域事务。因此，当时中东地区民众普遍信仰伊斯兰教，不过亚美尼亚人群体却具有自身的独特性。在“米勒特制”影响下，亚美尼亚人在文化、宗教上具有独立性，人们拥有比较平稳的生活。奥斯曼帝国的强权统治压迫下，亚美尼亚人为维持生活的正常运转，主要是以做仆人、工匠、小商人等来获取收入的。亚美尼亚人在市场经营上具有独特的优势，也由此成为当时犹太人、希腊人的主要商业竞争群体，为促进奥斯曼帝国经贸发展起到了关键性作用。特别是亚美尼亚人在医药、货币互换、外贸、戏剧等不同领域的优势，不断削弱希腊人在帝国中的商业占比。伊朗萨非王朝于16世纪兴起，其觊觎亚美尼亚的独特地位，与奥斯曼帝国展开激烈的争夺。经过多次混战，伊朗萨非王朝和奥斯曼帝国最终于1639年达成和解，双方签订《君士坦丁堡协定》。协定对亚美尼亚国土进行分割，奥斯曼帝国控制西亚美尼亚，萨非王朝控制东亚美尼亚。

国土被瓜分后，亚美尼亚人为实现民族解放，期望通过外来势力的干预来帮助他们。其中，亚美尼亚民族代表卡特里斯科大主教在位期间，为实现亚美尼亚民族独立，先后求助于俄国沙皇、罗马教皇以及西方基督教等不同国家，此时亚美尼亚诸多历史问题也逐渐凸显。但是，列强对亚美尼亚人的帮助大多仅仅停留在表面上，他们仅仅期望能够借助操弄亚美尼亚问题来达到既定的利益目标。18世纪，沙皇俄国想朝着亚美尼亚方向进行扩张，同伊朗争夺领土。沙皇俄国与伊朗先后在1813年、1826年发动战争，亚美尼亚人均支持同样信仰基督教的俄国人。所以，在亚美尼亚人的帮助下，俄国顺利将东亚美尼亚地区从伊朗手中夺走。此外，奥斯曼帝国实力也逐渐削弱，手工业及商业出现下滑的趋势，农民及商人财产安全遭到较大的威胁。这一背景下，亚美尼亚人也越来越不满于奥斯曼帝国的统治。

18世纪末期，全球范围内掀起了一系列具有影响力的民族解放运动，对亚美尼亚民族运动的发展产生了较大的鼓舞，亚美尼亚人普遍形成了民族独立意识，并且当时俄国成功从伊朗手中夺取东亚美尼亚，继续鼓动亚美尼亚人对奥斯曼帝国统治的不满情绪，进一步增强了人们的民族独立意识。19 世纪初期，亚美尼亚国内反抗民族和宗教压迫的斗争步入高潮，寻求民族独立、反抗帝国统治是当时每一位亚美尼亚人共同追求的目标。不过，考虑到亚美尼亚人性格温和，武装部队相对欠缺，在战斗期间缺乏自我保护，并且亚美尼亚人大多生活在高原地区，呈现分散居住的特征，不利于实现集中。生活在城镇的人们主要以普通市民为主，相对处于弱势。所以，亚美尼亚武装容易出现被分化瓦解的情况，这也在很大程度上制约并影响了亚美尼亚民族运动的开展。欧洲列强为了实现自身的对外扩张，表面上对亚美尼亚人争取民族权利进行支持，煽动民族情感，片面地将人们的正义要求引入歧途，导致民族矛盾进一步遭到激化，诸多流血冲突发生，民族间悲剧也不断出现，由此也增加了亚美尼亚问题的敏感性。①

俄国始终觊觎西亚美尼亚地区，想以此完成对整个亚美尼亚地区的统治。所以，俄国也始终鼓励并引

① 杨进：《饱经风霜的民族——亚美尼亚人》，《俄罗斯中亚东欧市场》2008 年第 6 期。

导亲俄的亚美尼亚民族主义分子开展东西亚美尼亚合并工作，进一步激化了俄奥间的冲突。1853 年，两国爆发了克里米亚战争；1877—1878 年，又爆发了俄土战争。其中，随着俄土战争的爆发，土耳其人报复亚美尼亚人的心理进一步增强。受此影响，两国民族矛盾不断加深，最终导致亚美尼亚人被土耳其大量屠杀。经历了漫长曲折的历史过程，亚美尼亚苏维埃社会主义共和国于 1920 年 11 月 29 日正式组建，在 1922 年 3 月 12 日，归入南高加索联邦，随后在 1936 年 12 月 5 日，亚美尼亚以加盟共和国身份加入苏联。20 世纪 90 年代初，在东欧剧变、苏联解体的背景下，1991 年 9 月 21 日经过全民公决，亚美尼亚正式宣布独立，成为真正意义的主权国家。

具体到中国与亚美尼亚的历史渊源，则十分深厚。公元前夕，亚美尼亚人便在中国与罗马帝国及其继承者间扮演了中介的角色。古代丝绸之路中，亚美尼亚是必经之地，亚美尼亚商人沿着丝绸之路将当地盛产的药材、珠宝等运送到中国，中国盛产的陶瓷、丝绸等也沿着丝绸之路走进亚美尼亚。截止到现在，在亚美尼亚地毯中依然能够看到中国龙的元素。甚至在当地有着这样一个传说，即亚美尼亚人是三国时代人物马超后裔，马米科尼扬即马超的后裔马抗，“根据《亚美尼亚史》，马米科尼扬家族的始祖名是马抗”，3

世纪迁徙至此。[①] 唐代中国与亚美尼亚的往来进一步得到加强，自此亚美尼亚商人的形象开始为中国所熟悉，而关于中国唐朝的地理、政治结构等的叙述也时现于亚美尼亚人的文字记载中。

蒙古人征服亚美尼亚后，不仅促进了其与中国之间的间接交流，也在大都、泉州等地形成了亚美尼亚人聚居区，这些亚美尼亚人相继大规模地皈依天主教。近代以来，亚美尼亚人沿着印度和波斯商人的足迹来到中国，在中国境内从事着贸易活动。1998 年，中国考古发现直径 29 毫米的“米”字铜钱，据考其铸造者为“天山骑士”。费朗索瓦·蒂埃里经过多年的研究分析，指出钱币符号为亚美尼亚国王海屯的铭文标识。和汉字“米”类似的符号为一个呈辐射状的十字架。这枚铜币的发现地点为距亚美尼亚国王当年和蒙古大汗会见地点以东 1000 余千米的位置。[②] 蒙古帝国的出现，对亚美尼亚和中国间开展间接社会经贸往来产生了极大的推动作用，当时诸多亚美尼亚人纷纷定居中国。

在北京附近，从 1267 年开始兴建元大都，亚美尼亚人便形成了自己的聚居区。除北京城外，在当时泉州

① 常颖、田欣欣：《“一带一路”国别概览：亚美尼亚》，大连海事大学出版社 2018 年版，第 1 页。

② ［法］让-皮埃尔·马艾：《亚美尼亚人和中国》，《复旦学报》（社会科学版）2014 年第 3 期。

港区域也分布着大量的亚美尼亚人。这些人大多是通过海陆历经长途跋涉来到中国的，从8世纪开始便定居在中国。7—18世纪，亚美尼亚人将中国看作一个神话般的国家，就像神话中的伊甸园，不过这个国家借助陆路、海路等方式均能够到达。随后几百年的时间内，亚美尼亚人在我国广州、上海、哈尔滨等城市聚集居住，其中也有一些代表性知名人物，包括19世纪将《圣经》译成汉语的奥万涅斯·拉扎里昂，20世纪初成为香港总督顾问的哈恰图尔·阿斯特瓦查特良等。20世纪40年代起，选择旅居中国的亚美尼亚侨民越来越少，而更多人倾向于前往澳大利亚、美国等地。从90年代开始，旅居中国的亚美尼亚人数量又一次呈现增加的态势，并且以商人、学生为主。截止到2018年，到中国的亚美尼亚团体业已有500人次。[①] 第十一届埃里温国际电影节中，一部表现两国历史渊源的电影《亚美尼亚之旅》获奖，进一步加强了两国的历史和文化联系。

（二）亚美尼亚文化与民族身份认同

历史发展中，亚美尼亚民族饱经沧桑。当今亚美尼亚人在全球五大洲均有分布，对当今世界的政治、

① 孙玉华、任雪梅：《中国与亚美尼亚关系的历史、现状及前景展望》，《东北亚外语研究》2018年第1期。

经济产生了重要影响。在漫长的历史过程中，亚美尼亚人因其与众不同的宗教信仰，形成了特殊的文化与民族身份认同，带有坚忍、哀切和悲伤的内在气韵的同时，又具有鲜明强烈的民族自豪感和自尊心。

1. 亚美尼亚民族文化的传统底蕴

亚美尼亚人主要生活在亚美尼亚高原地区。由于历史因素，亚美尼亚地区曾被分为东亚美尼亚和西亚美尼亚两部分。亚美尼亚民族历史悠久，常住人口主要为乌拉尔图人、赫梯人、哈伊阿斯人、胡里特人等，使用语言为亚美尼亚语，归为印欧语系。在宗教信仰上，绝大多数人均信仰基督教一性论派，也有极少部分信仰伊斯兰教和天主教，在目前的阿塞拜疆、亚美尼亚、伊朗等国有着广泛的分布。亚美尼亚人的祖先最早可以追溯到公元前 16 世纪。公元前 2 世纪到公元前 1 世纪，“大亚美尼亚国”正式组建成立，国力十分强大。不过随后外族政权的入侵，对亚美尼亚发展产生了极大的冲击，当地民众也由此开始了奔波流离的生活。[①] 当时，亚美尼亚即便失去了政治独立也没有从根本上冲击到亚美尼亚人的宗教与文化信仰，民族凝聚力依然非常强大。

亚美尼亚语（Հայ երեն）是亚美尼亚共和国及“纳戈尔诺—卡拉巴赫共和国”（目前仅获得“南奥塞

① 胡健：《近代历史上的亚美尼亚问题》，《求索》2005 年第 8 期。

梯共和国”“阿布哈兹共和国”和“德涅斯特河沿岸”3个非联合国成员国的承认）的官方语言，属于印欧语系亚美尼亚语族，是印欧语系中最古老的有文字的语言之一，使用人口约700万人，但它没有任何近似语言，其38个字母的拼音系统更是独特的，不少语言学家因此对亚美尼亚语产生兴趣。“我是亚美尼亚人，如同亚拉腊山一样古老，在我的深哀剧痛中，亚拉腊山也会低头弯腰。”在《亚美尼亚之歌》中，作者盖斡格·艾明生动地将亚拉腊山的丧失作为整个民族的悲痛饱含深情地演唱出来。亚拉腊山地处土耳其东部，亚美尼亚人祖先有过在此生活的经历。苏联和土耳其于1923年签订《卡尔斯条约》，规定这里归土耳其管辖。对亚美尼亚民族来讲，亚拉腊山代表着亚美尼亚的民族精神。饱经沧桑的亚美尼亚人永不放弃，形成了一种坚韧、智慧、勤劳的民族性格。同时，亚美尼亚人热情好客，实际去过亚美尼亚就会对这一点有更深刻的体会。当游客行走在亚美尼亚的城市里，陌生的本地人也会热情邀请其前往家中做客。不过，游客如果向主人付费，则主人将会感到失望，甚至觉得这种行为是在对其进行侮辱。热情款待他人是亚美尼亚人的优良传统，只为需要帮助的人。①

① 杨进：《亚美尼亚：亚拉腊山一般的民族》，《世界知识》2007年第24期。

亚美尼亚民族推崇并尊重知识，由此也就很容易理解亚美尼亚人民具有的较强创造力，以及取得的显著成就。手绘《福音书》目前在埃里温的玛坦·纳达兰图书馆中馆藏，该书20世纪初“大屠杀”时被人从土耳其东部带到埃里温。当时背景下，逃命期间，两个弱小的女子放弃了身上的一切，却唯独没有舍弃最沉重的书。该图书馆也收藏了大量的亚美尼亚文抄本，诸多抄本的历史业已达到千年以上。应该注意的是，千余年发展进程中，这片土地长时间处在战乱之中，不过对亚美尼亚文化进行记录的书籍却都能够得以很好地保存下来。崇尚文化的民族传统使得亚美尼亚民族出现了大量的人才。犹太人具有非常精明的商业头脑，而在高加索地区人们却普遍认为“三个犹太人比不上一个亚美尼亚人”，也就是说，亚美尼亚人的智慧更高。全球具有影响力的飞机设计师米高扬就是亚美尼亚人。并且在亚美尼亚人中，文盲率基本上为零，其他任何民族均很难做到这一点。①

2. 近代亚美尼亚的民族问题

近代历史上的亚美尼亚问题是一个跨国家的、复杂的民族问题。亚美尼亚人是古老民族，不过直到18

① 杨进：《饱经风霜的民族——亚美尼亚人》，《俄罗斯中亚东欧市场》2008年第6期。

世纪以后，才出现了亚美尼亚主义。当时，美国新教传教士于19世纪30年代在这里相继成立了大量传教使团和学校，促进了新教社区建设。传教使团在当地开展了各项不同类型的传教活动，天主教及新教社区内也复兴、发展了亚美尼亚民族文化。这一背景下，亚美尼亚人以本民族实际为切入点，亚美尼亚人建立了自己的文化中心，恢复了对古代亚美尼亚的研究，发展了大众化的新语言文字。当时，亚美尼亚人在西方思想的影响下，推崇在国内开展政治改革，倡导推进彻底的世俗化和区域自治。受此影响，人们的民族主义意识日益强烈，不满社会压迫的当地民众还开展了一系列抵御民族及宗教压迫的斗争。欧洲的民族国家兴起，一定程度上激发了亚美尼亚资产阶级的觉醒，民族独立意识开始在当时的亚美尼亚社会出现。历史发展进程中，亚美尼亚民族多次面临大屠杀事件，而近代亚美尼亚民族在外来压迫下形成的强烈的民族独立意识，使得在亚美尼亚社会发展中，民族主义情结的社会基础非常深厚。

从沙皇俄国统治时起，亚美尼亚族和俄罗斯族便在宗教、文化等不同领域有着很强的相似性。亚美尼亚国力较弱，周边国家普遍信奉伊斯兰教，并且亚美尼亚在历史上还长期遭受奥斯曼帝国的统治。俄罗斯族作为亚美尼亚的主要外部盟友，能够帮助亚美尼亚维持民族独立和生存。苏联时期，阿塞拜疆与亚美尼亚的冲突主要集中在领土及民族问题上，同时联盟中央对亚美尼亚的支持度更高。相对于早期的亚美尼亚民族主义思潮，当代的亚美尼亚民族主义实际上兴起于20世纪80年代，戈尔巴乔夫推进的政治改革使得被苏共长期压制的民族、历史和领土矛盾不断重新提起，使长期潜伏着的苏联民族矛盾逐步表面化。①

近代社会发展中亚美尼亚问题的产生，在很大层面上与当地民众历史上长时间受到其他民族歧视及压迫紧密相关，这些民族积怨一方面涉及本民族和其他相邻民族间的冲突；另一方面还和宗教争端密切相关。② 亚美尼亚民族期望能够实现民族独立与发展，从根本上转变长期被大国分割及压迫的状态，然而长时期历史发展进程中，亚美尼亚民族独立意愿却很难实现。特别是在近代社会，西方列强争夺亚美尼亚高原并瓜分奥斯曼帝国导致长期存在的矛盾冲突进一步加剧。奥斯曼政府专制统治及亚美尼亚民族主义二者间的长期碰撞，对中东国家及高加索地区国家造成了极大的隐忧，至今影响着本地区发展。

① 张弘：《民族主义与政治转型的相互影响——以亚美尼亚为案例的研究》，《俄罗斯东欧中亚研究》2018年第3期。

② 胡健：《近代历史上的亚美尼亚问题》，《求索》2005年第8期。

3. 独立后亚美尼亚民族主义的现代化转型

历史上的南高加索是一个多民族混居的地区，各种宗教和文化不断融合，同时也积累了大量的民族矛盾，处于混居的南高加索各民族分离主义也很活跃。在苏联当政的70年间，苏联各加盟共和国的事情都是在莫斯科解决，大家对此习以为常。“今天的现实要求各民族要切实转变思维模式，认清谁也不能代替他们解决自己的问题，无论是莫斯科、华盛顿、布鲁塞尔、斯特拉斯堡、维也纳，还是其他国际势力。自己的问题应当自己解决。很遗憾，那些致力于此的国际组织变得越来越软弱无力。”①

亚美尼亚从苏联统治下和平地获得民族国家独立，不仅极大地增强了民族自信心，使得压制百年的民族国家认同得到恢复，也使得亚美尼亚的政治转型过程掺杂了特殊的地缘政治背景和民族主义压力。无论是历史上的奥斯曼帝国对亚美尼亚人的大屠杀，还是苏联时期的民族矛盾，都是亚美尼亚政治无法回避的问题，成为独立以后的政治核心议题。亚美尼亚的全球化和现代化需要克服的困难包括“去苏联化”和经济民族主义思潮。但是，由于恢复民族国家又是一个民

① ［亚］卡拉佩特·卡连强：《世界新秩序和亚美尼亚安全》，《俄罗斯东欧中亚研究》2009 年第 3 期。

族主义的复兴过程，因此二者存在一个矛盾关系。独立以后，亚美尼亚国内政治多元化趋势发展迅速，与此同时，超级总统制也越来越暴露出较多的弊端，亚美尼亚社会要求将国家制度从独立之初的反危机模式逐渐向调整正常的权力平衡模式过渡。独立之初的民族主义政治力量逐渐分化为温和的和解派和激进的强硬派。

分析原苏联地区国家政治转型现状，亚美尼亚的政治转型颇具代表性，也有其特殊之处。民族主义冲击是亚美尼亚政治转型期间始终面临和存在的。民族主义对于亚美尼亚政治发展具有正反两个方面的影响。一方面促进了民族国家认同的快速恢复，为国家转型和重建提供了稳定的思想基础；另一方面，民族主义也限制了政治秩序和西式民主制度的固化，甚至威胁政权的安全。超越历史的民族主义已经成为亚美尼亚实现西式民主固化、完成政治转型的重要挑战之一。国家独立初期，政治转型与重构民族国家期间，民族主义在其中发挥着关键性作用。当今亚美尼亚政治发展在某种层面上和民族主义之间存在显著的结构性冲突。依据现代化发展视角，当代亚美尼亚民族主义依然有着非常旺盛的生命力，在社会转型升级中呈现出日益强化的趋势。亚美尼亚政治发展和民族主义二者的关系主要表现为一种彼此扬弃关系，二者均属于国家政治发展道路探索中的重要尝试。[①]

4. 亚美尼亚的文化认同与国家安全

虽然自 1994 年以来，亚美尼亚经济有所增长，但社会财富严重不均，下层居民的生活依然十分艰辛，失业率超过 30%，贫困人口超过一半。严峻的经济形势和外部安全环境使得极端民族主义分子铤而走险，制造血案。在困难的地缘政治环境下，在民族主义的压力下，亚美尼亚的政治转型和经济改革实际上问题较多，越来越落后于周边国家。越来越不利的地缘政治环境刺激了亚美尼亚国内的民族主义情绪，困难的经济形势一定程度上造成民粹主义情绪上升，二者相互影响的结果是民族主义的高涨，以及政治情绪的非理性化，给国家整体安全和区域安全都带来了不确定因素。

亚美尼亚政治精英持有的民族主义观点除了和人们采取的政治选举策略有关，也和民族文化中的悲情意识息息相关。亚美尼亚长时间受到其他民族的压迫，在和邻国间的历史及民族矛盾化解之前，亚美尼亚社会将依然面临较大的来自极端民族主义的压力。强烈的民族主义情绪将对当地政治转型速度产生较大的冲

① 张弘：《民族主义与政治转型的相互影响——以亚美尼亚为案例的研究》，《俄罗斯东欧中亚研究》2018 年第 3 期。

击，亚美尼亚的政治精英和包括部分中东欧国家在内的国家的政治精英存在较大差异，除了在国家主权和独立上采用民族主义意识形态，还在国内政治斗争上予以应用。人们都应该知道，其中存在双重标准，人们均为实现自身利益而努力。当出现信仰破灭时，为恢复信仰则面临较大的难度，不过该信仰确实很难得以恢复。因此目前，上述国家内的政治游戏业已公开。人们也均能够理解，不管开展何种选举，均能够得到国际的支持，同时也会在其中附加部分说明，为自己提供多种不同的选择空间。因此，亚美尼亚“应该自己制定国家安全的方向，寻找保障自身安全的途径，应该权衡该地区各大国的利益，然后明确自己所面临的威胁。这样做是非常有益的。这些策略应该由亚美尼亚学者、政治学家、政治界人士和相关研究机构制定，并交由公众广泛讨论。坚决不能把这个问题交给外国专家解决，或者把别国现有的政策换个名称照搬过来”[①]。

从极端民族主义在亚美尼亚的发展历史看，实现政治转型的社会条件并不具备。在今后的一个时期内，在推进政治转型过程中，亚美尼亚必将面临多次反复，直到形成一种普遍认可的社会共识。原苏联地区国家政

① ［亚］卡拉佩特·卡连强：《世界新秩序和亚美尼亚安全》，《俄罗斯东欧中亚研究》2009 年第 3 期。

治转型期间面临严峻的内外环境，除了应在内部做好制度建设，完成正常民族国家的构建，还对外界地缘政治环境存在较大的依赖性。受到民族传统及历史矛盾等不同因素的冲击，均可能令国家政治转型方向及质量出现偏离的情况。结合亚美尼亚案例能够得出，小国政治转型进程除了和自身内部政治经济因素有关，还对外部地缘政治环境存在较强的依赖性。结合亚美尼亚政治转型发展能够得出，中小国家是否能够顺利完成社会转型，外部大国约束在其中将产生决定性影响。①

（三）独特的亚美尼亚基督教

亚美尼亚历史悠久，虽被信奉伊斯兰教的土耳其、阿塞拜疆和伊朗等国包围，但几千年来始终坚持特有的亚美尼亚基督教信仰。亚拉腊山作为亚美尼亚人的“神山”，根据《圣经》传说，这里是“大洪水”后诺亚方舟的停靠地点。亚美尼亚教会由格列高利最早去传教并建立。格列高利属于阿尔沙克王室，和亚美尼亚国王特拉达三世之间存在亲属关系。在亚美尼亚，格列高利创办教会，还主持兴建了远近闻名的埃奇米阿津大教堂，该教堂紧邻特拉达三世王宫，这也是当

① 张弘：《民族主义与政治转型的相互影响——以亚美尼亚为案例的研究》，《俄罗斯东欧中亚研究》2018 年第 3 期。

地首座教堂。302 年，在恺撒里亚的宗主教处，格列高利荣获宗主教的称号，由此格列高利也成为首位亚美尼亚宗主教。同时，亚美尼亚教会也以格列高利的名字来命名，称作格列高利教会。格列高利积极热情地将教义宣扬给特拉达三世，令其认可耶稣基督为“救主”。此外，亚美尼亚教会作为基督教会的一种分支，具有独立性的特点，主张一性论，与基督教主流派之间彼此独立。

亚美尼亚王特拉达三世于 301 年确定基督教为国教，至此亚美尼亚也成为全球首个基督教国家。米索于 405 年专门创造了亚美尼亚字母，同时在 410 年，翻译《圣经》为亚美尼亚文。亚美尼亚教会一直保持独立并对世界有重大影响，参与管理耶路撒冷的圣墓教堂。[①]

680 年波斯被阿拉伯人灭国后，阿拉伯人一直强迫亚美尼亚人信奉伊斯兰教，时至今日亚美尼亚依旧像一叶孤舟摇曳在伊斯兰国家的海洋里。辗转千年，亚美尼亚人的信仰一直未变。一般来讲，教会普遍将耶稣诞辰确定为 12 月 25 日，不过亚美尼亚教会却将耶稣诞辰确定为 1 月 6 日主显节。从组织和敬拜方式上，亚美尼亚教会与埃及科普特教会相比，存在较多的相似之处。

亚美尼亚现行宪法特别强调：“亚美尼亚共和国政

---

① 常颖、田欣欣：《“一带一路”国别概览：亚美尼亚》，大连海事大学出版社 2018 年版，第 103 页。

教分离。亚美尼亚共和国承认亚美尼亚使徒圣教会在亚美尼亚人民精神生活中、在发展其民族文化和保持民族独特性方面作为国教的特殊使命。亚美尼亚共和国保障所有宗教组织在法律规定的范围内进行活动的自由。”① 据统计，该国公民中，98.7%的人口信仰基督教。这里，亚美尼亚使徒教会信徒在其中占比为94.7%，信仰基督教其他分支的信徒占比为4%。值得一提的是，坚持单一宗教信仰的亚美尼亚至今仍保留一座清真寺。埃里温格科·加米清真寺（也称“蓝色清真寺”）位于埃里温，是亚美尼亚为穆斯林教徒修建的唯一仅存的一间清真寺。苏联时期，这座清真寺扮演着埃里温市博物馆的角色，从1990年起恢复到之前清真寺的职能。②

① 亚美尼亚共和国宪法：http://www.president.am/ru/chapter1.

② 沈骚：《漫步“童话国度”——亚美尼亚》，《就业与保障》2019年第10期下。

三　亚美尼亚独立后的经济社会转型及发展

苏联时期，亚美尼亚以加盟共和国身份存在并参与到市场分工，实现独立后朝着经济自由化和市场化转轨，随后从独联体地区经济一体化逐渐朝着欧亚经济联盟成员国转型升级，亚美尼亚社会经济发展特别是面临的市场发展环境在很大程度上受制于其所处的地缘环境。不仅是经济转型面临难题，亚美尼亚的后共产主义转型在“去苏联化”和西式民主化的双重影响下也呈现出一定的碎片化特征。同时由于历史原因，该国人口结构中海外移民和离散族裔比重较大，社会发展长期倚重侨汇，对外政策和国际形象也依赖移民通过在所在国施加政治影响，来谋求亚美尼亚在特定问题上的国际话语权。

（一）后苏联时代亚美尼亚的经济转型

第一，独立之初的经济转轨出现巨大困境。苏联时期，亚美尼亚是苏联计划经济分工体系中的重要组成部分。在苏联的支持下，亚美尼亚建设有机床、仪表和纺织厂，生产的产品主要向其他加盟共和国出口。随着苏联的解体，这一相对稳固的体系不复存在，导致亚美尼亚共和国在构建独立自主经济体系期间面临着极大的阻力。特殊的区域经济环境和当地缺乏自然资源的现状，使得和其他加盟共和国比起来，亚美尼亚经济发展中具有更明显的脆弱性。亚美尼亚作为苏联加盟共和国，本国工业产业仅仅能够满足本国消费需求的20%，而其他产品市场需求主要从其他加盟共和国获得。原有相对平稳的经济联系因苏联解体而瞬间中断，苏联各加盟共和国生产规模在短时间内出现显著下降，社会经济面临严峻的通胀，民众生活质量下滑，“基本能源保障很难维持，寒冬状态下大多民众每天仅仅能够获得2小时的电力供应”，经济和其他各方面能力减退。在种种因素影响下，亚美尼亚经济转轨步履维艰，这一现象先后历经了5年的时间。从通胀率指标上看，亚美尼亚1990年的数值是10.3%，而到了1991年，这一数值竟一跃增加到274%，这也标志着亚美尼亚进入到恶性通胀时期。该国通胀率最高点出现在1994年，当时通胀率为5273%。社会转型发展阶段，亚美尼亚经济结构出现了巨大转变。诸多不同因素的共同作用加之该国出台了各项自由价格制度等改革方案，农业、林业、服务业维持一种相对增长的趋势，基本建设、工业占比则呈现出一种相对降低的趋势。所以，本国国内生产总值结构调整非常明显。之前，工业始终是亚美尼亚的支柱性产业。以1989年为例，在本国国内生产总值中，工业占比为60%，不过从1991年到1998年，这一占比呈现出不断下降的状态；从1999年到2000年，该现状依然并未出现显著好转。到了2000年，工业占比仅仅为1990年数值的50%。[①]

第二，20世纪90年代中期经济逐步复苏。在国际货币基金组织的扶持下，亚美尼亚于1994年在全国范围内完成了大部分私有化和经济自由化改革，同时在国际货币基金组织的帮助下维持了本币汇率的稳定，对通胀起到了很好的抑制效果，经济增长得以恢复。从2002年起，亚美尼亚经济增速高达两位数。在不同国际金融组织及国际社会的共同帮助下，亚美尼亚凭借私人投资，同时借助高效的市场经济管理方式，选

---

① ［亚］阿依科・马尔季罗相：《亚美尼亚的经济发展与后苏联时代的对外经济联系》，《俄罗斯中亚东欧市场》2009年第2期。

择了与国家发展相符的经济发展模式。到2005年，本国GDP恢复到1989年的状态（在独联体国家中暂居榜首）。十余年间，亚美尼亚经济迅猛发展，甚至有人用“脱胎换骨”一词来对该国这一阶段的发展进行评价，也使得亚美尼亚拥有了“高加索之虎”的美誉。“据欧洲中央银行重建部门调查，由于遍布美国和欧洲的亚美尼亚裔对亚美尼亚的大量投资，使该国服务业受到强劲拉动，金融业得到长足发展，加上零售业的繁荣，亚美尼亚近十年的GDP增长率几乎都保持在10%以上。”① 2008年美国次贷危机后亚美尼亚经济再度出现滑坡，但2017年起又稳步复苏，到2019年GDP为136亿美元，相比此前几年已经有了显著增长，在独联体国家中，亚美尼亚经济自由度也始终居于首位。同时，在独联体中，亚美尼亚的投资和贸易制度的自由程度也最高。《福布斯》强调，在独联体中，亚美尼亚的投资吸引力最强。②

第三，亚美尼亚经济转型后的优势与劣势。从优势看，一方面，亚美尼亚金融管理体系非常健全，银行界经营管理有序开展，外债规模比全球均值还要低，大多以长期外债为主并且债务风险及规模处于可控范

---

① 杨进：《饱经风霜的民族——亚美尼亚人》，《俄罗斯中亚东欧市场》2008年第6期。

② ［亚］阿依科·马尔季罗相：《亚美尼亚的经济发展与后苏联时代的对外经济联系》，《俄罗斯中亚东欧市场》2009年第2期。

围。亚美尼亚还得到了源源不断的国际援助，和国际金融组织间的沟通合作频繁。[①] 另一方面，从 2013 年起，亚美尼亚进出口越来越多地呈现出一种多元化发展特征。从出口市场上看，主要出口国家为中、德、瑞士等；从原料进口国上看，主要以中、德、伊朗等为主。从劣势上看，一方面，亚美尼亚农作物及粮食不能够实现自给，燃料及工业原料短缺，存在大量进口需求，工业基础严重不足，工业机械及各种运输设备需求均须借助进口来得以缓解。交通基础设施极大地限制了亚美尼亚的发展，成为它与外部世界联系的严重障碍。另一方面，亚美尼亚经济仍然主要依赖俄罗斯。从市场集中度上讲，结合亚洲开发银行提供的信息，从 2013 年到 2017 年，在亚美尼亚对外贸易总额中，两国贸易额于 2013 年占比为 24.26%，而到了 2017 年，这一数值增加到 27.32%。[②] 考虑到亚美尼亚地缘安全环境，不得不由俄罗斯军事基地来负责国家防务安全工作，并且俄罗斯资本也牢牢控制着亚美尼亚电力、能源、通信及金融领域。由此外界环境更容易对亚美尼亚社会发展造成严重的冲击。

亚美尼亚经济发展的影响因素既涉及国家的资源禀

① 关钢：《世界经济危机对亚美尼亚经济的影响》，《俄罗斯中亚东欧市场》2010 年第 2 期。

② Asian Development Bank, Armenia, Key Indicators 2018 (XLSX), https://data.adb.org/dataset/armenia-key-indicators.

赋、经济基础和经济发展动力，同时也与该国所处的地缘政治和经济环境密切相关。亚美尼亚经济现在普遍面临资本形成能力不高、储蓄率低、失业率维持高位等情况，丰裕要素的边际产出率有待增强，由此也表明从经济开放方向及参与方式上，亚美尼亚存在诸多不足。首先，亚美尼亚应该对经济开放方向进行优化整合，协调处理好经济现代化与经济开放二者间的固有冲突。[①] 其次，转型后的制度安排要发挥安全阀的作用，使社会冲突的利益基础得到有效协调。[②] 最后，亚美尼亚国际贸易的商品结构以互补性贸易为主，但在一些产业方向上参与了具有产业内贸易特征的区域生产分工网络。亚美尼亚的经济现代化需要最低限度的资本积累和更加专业化的分工经济，选择融入有利的外部区域生产分工网络对亚美尼亚经济发展十分必要。

（二）“欧亚经济联盟”及其对亚美尼亚的现实影响

欧亚经济联盟是欧亚地区自身特点与欧洲一体化先进经验的结合体，从经济动因上看，之所以要组建

---

① 徐坡岭、黄茜：《地缘与区域生产分工网络对亚美尼亚经济发展的影响》，《欧亚经济》2019 年第 5 期。

② 徐坡岭、韩爽：《中东欧独联体政治经济转型 20 年：约束条件与转型政策、策略选择》，《俄罗斯研究》2011 年第 5 期。

欧亚经济联盟，主要是由于在长时间低油价背景下，各成员国可共同拓展经济发展空间，缓解国内经济发展动力不足的问题。[①]

1. 独联体区域经济一体化的演进过程

欧亚经济共同体包括哈萨克斯坦、俄罗斯以及白俄罗斯三个国家，是以三国关税同盟协议为基础而形成发展的。哈萨克斯坦首任总统纳扎尔巴耶夫于1994年率先提出了构建欧亚联盟的畅想。以此为契机，三国领导人于1996年1月20日签署关税同盟协议。另外，1996年3月29日，吉尔吉斯斯坦加入这一组织，四国共同签订《在经济和人文领域深化一体化合作条约》，标志着“关税同盟”正式组建成立。

欧亚经济一体化从最初的构思，一直在不断向前推进完善，期间的协调与谈判先后历经了17年之久，到了2011年，欧亚经济一体化建设才得到实质性进展。三国领导人于2011年11月18日共同签署欧亚经济一体化宣言，同时指出从2012年1月1日起，关税

① “欧亚地区”（Eurasia）分“大欧亚”和“小欧亚”。“大欧亚”指的是欧洲与亚洲的集合；“小欧亚”主要指除了波罗的海三国以外的原苏联地区，也有学者称之为“欧亚中心”“后苏联欧亚”（Post-Soviet Eurasia）。在当代学术话语体系中，“欧亚”主要代指“小欧亚”“欧亚中心”及原苏联地区。欧亚一体化的地域范围也仅在“小欧亚”地区。参见王晨星、姜磊《欧亚经济联盟的理论与实践——兼议中国的战略选择》，《当代亚太》2019年第6期。

同盟逐渐朝着统一经济空间过渡，促进国家间产品销售市场的扩大，保证区域市场间人员、商品等不同要素能够实现自由流动。2014 年 5 月 9 日，三国总统签署成立欧亚经济联盟的法律文件。

2015 年 1 月 1 日，独联体范围内的“欧亚经济联盟”（Eurasian Economic Union，EEU 或 EAEU，又称欧亚经济委员会）组建并投入运转，白俄罗斯、俄罗斯、亚美尼亚、哈萨克斯坦、吉尔吉斯斯坦五国为其成员国，在推进独联体经济一体化建设上具有显著的意义。[①] 中国商务部谈判代表傅自应于 2018 年 5 月 17 日和欧亚经济委员会执委会主席萨尔基相等签订经贸合作协议。随后，欧亚经济委员会最高理事会会议于 2019 年 10 月 1 日在埃里温召开，参会代表就构建联盟内统一金融市场、对成员国进口关税进行调整等关心的议题进行了深入的讨论。

2. 欧亚经济联盟成立后的主要进展

欧亚经济联盟成立后取得了一定的成效。第一，自 2015 年欧亚经济联盟正式启动以来，相互贸易额增长了 31%——从 453 亿美元增长到 2018 年的 597 亿美

① 黄孟芳、卢山冰、余淑秀：《以“欧亚经济联盟”为标志的独联体经济一体化发展及对“一带一路”建设的启示》，《人文杂志》2015 年第 1 期。

元。相互贸易的增长是由于联盟扩大、出口货物种类的增加。根据2018年数据，欧亚经济联盟成员国向第三国出口商品额比2015年同比增长了30%。第二，对欧亚经济联盟国家公民，特别是小国公民的积极影响是，建立了共同的劳动力市场。可以向各国就业公民平等征税，并可能获得全额社会保障以实现欧亚经济联盟国家的月平均工资和最低工资数额提高。第三，2017年，药品和医疗器械的单一市场正式开始运作。2018年，新的海关法规正式生效，大大加快了通关速度。第四，启动了五个数字项目：产品、货物、服务和数字货币的可追溯机制；数字交通走廊；采用能够相互识别的电子随附文件；启动工业合作、分包和技术转让欧亚网络项目；启动了“无国界搜索工作的统一系统”。成员国之间的工业和技术合作显著增加，目前，有16个欧亚技术平台正在运行，研究在珠宝和其他行业领域创建“欧亚品牌”。

同时，值得注意的是，近年来，欧亚经济联盟正通过建立自由贸易区、非优惠性协议和其他形式的多边合作，在加强国际活动方面取得重大进展。目前正在与越南协商建立自由贸易区：根据2018年统计结果显示，双方贸易额达到67亿美元，与2016年同比增长1.5倍。2019年，欧亚经济联盟与塞尔维亚、新加坡签订自贸协定，同时和伊朗签订自贸协定，和中国签订经贸协议。有数十个国家表示有兴趣与联盟建立直接贸易、经济和投资关系。[①]

3. 欧亚经济联盟存续面临的挑战及原因

首先，俄罗斯在联盟中一枝独大，影响力过强，其一些做法使其他国家产生不满。[②] 更严峻的是，西方社会不断打压俄罗斯及联盟。美国对俄开展数次金融制裁，对俄海外融资渠道进行阻碍。结合俄方统计，从 2013 年 4 月一直到 2019 年 6 月，短短六年左右的时间，美国便对俄开展制裁多达 798 次，涉及领域主要有能源、金融、贸易等不同方面。[③] 这就给其他四国带来一系列连锁式负面影响。

其次，联盟内部缺乏强大高效的政府间合作机制。欧亚经济委员会执委会主席季格兰·萨尔基相强调联盟存在下列不足：一是成员国对维护主权独立的关注度过高，缺乏向欧亚经济委员会进行权力让渡，让渡到超国家机构的权限应该在 30 项以上；二是欧亚经济委员会在运行期间存在突出的官僚主义色彩，同时决

① ［俄］季莫菲·博尔达切夫：《中国可靠的合作伙伴——欧亚经济联盟这五年》，《中国投资》2020 年第 1 期。

② ［哈］吉戈尔·贾那布尔：《对欧亚经济联盟及其表现的初步评估》，《东北亚经济研究》2019 年第 6 期。

③ 王晨星：《欧亚经济联盟发展态势评估及中国的战略选择》，2020 年第 6 期。

策效率较低，现在各项决策流程均为 1 年，在此期间当专家委员会给出不同意见时，则重新审定决议需要额外 2 个月，这大大影响了一体化推进的速度。

最后，对经济增长的正向作用有限，可能加剧地区安全隐患。由于地形复杂、资源丰富但人民生活水平不高，高加索地区盘踞着诸多宗教极端势力，给地区安全造成了巨大威胁。在欧亚经济联盟个别国家居民中持续存在的社会不满情绪可能会助长该地区的宗教激进主义，此外，俄罗斯经济增长乏力也无助于增强欧亚经济一体化发展信念。同时，联盟各国经济增长模式相对单一，导致遇到经济困难后经济体普遍缺乏较强的经济自我恢复力。在 2008 年国际金融危机的冲击下，GDP 降幅居于前列的 10 个国家中，独联体国家便占据了其中 6 个。国际经验表明，无法促进经济增长是任何一体化进程面临的最严峻挑战，最终只能导致联盟的解体。

考察分析独联体地区国家贸易便利化发展现状可以看到，和新兴市场经济国家比起来，独联体地区国家贸易便利化水平整体上相对较低，并且从历史发展层面上来看，其贸易便利化并未得到明显的优化。其影响因素表现为下列几点：第一，独联体国家加入世贸组织的时间均相对较短，有的独联体国家甚至尚未加入 WTO，导致贸易便利化的利好措施没有对这些国家产生较大的影响；第二，之前的独联体区域双边自由贸易协议并未顺利开展，大多停留在纸面上；第三，独联体地区有实质性进展的区域制度发展时间较短，目前仍处于搭建法律框架的阶段，其制度效果的显现可能需要一段时间；第四，独联体地区的区域一体化在实施中，具有鲜明的强制性色彩，是自上而下推进的，市场驱动力整体不足，制度型一体化主要在形式、文本一体化上有所体现，贸易便利化中的实践推动整体较少，这样不利于达到既定的效果目标。[①]

4. 亚美尼亚在欧亚经济联盟中的角色

亚美尼亚作为一个内陆小国，地处欧亚交界位置，考虑到地理区位及资源短缺等因素的影响，以自主性自由经贸政策为主。同时，亚美尼亚于2003年正式加入WTO，开启了在全球多边组织框架下开展贸易便利化的工作。尼科尔·帕什尼扬于2018年5月当选为亚美尼亚总理，是亚美尼亚亲西方的反对派领导人代表。即便这样，在对待俄罗斯及欧亚经济联盟的观点上，亚美尼亚新政府依旧维持一种积极的态度。任职后4个月时间内，帕什尼扬便先后三次前往莫斯科与普京会晤，强调与俄罗斯之间加强

① 肖影：《独联体地区国家贸易便利化进展评析》，《俄罗斯研究》2014年第4期。

多边合作，增强彼此间盟友关系，为构建欧亚经济联盟贡献力量。[①] 在欧亚经济联盟中，亚美尼亚官员主管内部市场、信息化、信息与交流技术部。从数据看，加入该联盟以来，亚美尼亚的经济、贸易和福利水平仅取得小幅增长[②]，相比俄罗斯和哈萨克斯坦等地区大国，获益有限。

（三）亚美尼亚的后共产主义运动

在亚美尼亚，目前有三个共产党在进行活动，包括亚美尼亚进步联合共产党、亚美尼亚共产党、亚美尼亚联合共产党。[③] 在这三个共产党中，亚美尼亚共产党具有较大的发展规模和较强的社会影响力，而其他两个共产党整体发展相对弱小。

亚美尼亚共产党的前身为亚美尼亚苏维埃社会主义共和国共产党。20 世纪 80 年代末，苏联各加盟共和国共产党的权力逐渐丧失，其中便涉及亚美尼亚。亚

---

① 王晨星、姜磊：《欧亚经济联盟的理论与实践——兼议中国的战略选择》，《当代亚太》2019 年第 6 期。

② 俞毅、潘奇杰：《中国同独联体国家自贸区建设的经济效应分析——基于“欧亚经济联盟”背景下》，《当代经济》2016 年第 12 期。

③ 2001 年，尤里·马努基扬（Юрий Манукян）退出亚美尼亚共产党，2002 年与格兰特·沃斯卡尼扬（Грант Восканян）一起创建了亚美尼亚重建共产党（Обновленная коммунистическая партия），2003 年 7 月 7 日创建了亚美尼亚联合共产党。

美尼亚苏维埃社会主义共和国共产党于1991年9月召开党代表大会，宣布自行解散。随后，以亚美尼亚苏维埃社会主义共和国共产党为基础，组建成立了亚美尼亚民主党。1991年，谢尔盖·巴达良作为当时亚美尼亚共产党埃里温市市委第一书记，倡导对亚美尼亚共产党进行重建。完成重建后，领导人由谢尔盖·巴达良担任。1999年，亚美尼亚共产党第一书记由鲁边·格里戈里耶维奇·托夫马相接任。托夫马相于2013年11月23日卸任，新领导人由当时第二书记塔恰特·萨尔基相担任。截止到2012年4月，亚美尼亚共产党拥有党员数量高达1.8万人。①

从重建之日起，亚美尼亚共产党便积极参加亚美尼亚议会选举活动。亚美尼亚首届国民会议选举中，亚美尼亚共产党获得六个席位；第二届国民会议选举中，亚美尼亚共产党获得九个席位。不过在第三届、第四届国民会议中，由于亚美尼亚共产党获得选票不足5%，并未达到进入国民会议选票门槛，没有进入国民议会。随后，第五届国民会议选举中，亚美尼亚共产党与亚美尼亚进步联合共产党联合参选，同样没有

① 2010年11月亚美尼亚共产党召开党的第38次代表大会之际，党员人数为2万名，到2012年4月，党员人数为1.8万名，也呈现出人数逐渐减少的态势。参见 Коммунисты Армении провели свой XXXVIII съезд, http://www. kpu. ua/kommunisti-armenii-proveli-svoj-xxxviii-sezd/, 30ноября,2010г。

进入到国民议会。亚美尼亚进步联合共产党也始终倡导加强和亚美尼亚共产党间的联合，但从发展现状上看，联合仅仅集中在开展街头抗议活动、参加选举等方面，未见其他实质性联合措施。

亚美尼亚现当权者为右翼代表，统治者代表大资本家、大地主利益。他们在执政期间，总会为阻碍共产党发展而设置各种不同约束性措施。比如，增加参与亚美尼亚总统选举的押金金额等，这样也就阻碍了左翼政党参与国家选举活动。考虑到上述诸多不同因素的影响，在短时间发展中，亚美尼亚共产党要想有所作为面临着较大的困难。[①]

（四）亚美尼亚的人口问题和趋势

南高加索地区中，亚美尼亚作为一个小型“中间地带国家”，在苏联加盟共和国中，无论是从国土面积来看，还是从人口规模来看，均处于最小水平。亚美尼亚周边地缘政治环境非常复杂，苏联解体以来，该国本就较小的人口体量在不利的政治、经济和社会环境的影响下呈现加速萎缩的趋势，加上与周边国家存在武装冲突，近年来人口始终在300万人左右摇摆。

---

① 陈爱茹：《格鲁吉亚、亚美尼亚、阿塞拜疆三国共产主义运动评析》，《当代世界与社会主义》2014年第5期。

持续下降是近半个世纪以来亚美尼亚人口发展的基本特征。根据权威统计，以 2017 年为例，当时本国拥有 123 万劳动人口，拥有 101 万就业人口，得到当时失业率为 17.9%。从 2013 年到 2017 年，GDP 增速最低出现在 2016 年，增速为 0.22%；增速最高出现在 2017 年，增速为 7.5%，其他年份的增速大体维持在 3.2%—3.6%。不过亚美尼亚失业率却始终维持在高位运转。2016 年该国 15—24 岁青年群体中，并未接受过专业教育及培训的失业群体在全部适龄青年群体中占比为 35.6%（有 34.8% 为女性，有 36.4% 为男性）。就业群体中，2016 年人们每个月平均薪酬为 393 美元，2017 年这一数值小幅增加到 404 美元。[①]

亚美尼亚人口特征主要表现为下列几点：第一，本国民众为摆脱当前的经济、政治及安全困境，普遍选择移民他国。原苏联地区内，亚美尼亚人具有很强的移民意愿。2010 年 8 月，盖洛普民意调查机构指出，亚美尼亚人口中约 39% 的人存在移民倾向。由于大量人口移民，亚美尼亚已经形成了一个“移民产业”。第二，从亚美尼亚人口形势变化来看，20 世纪 90 年代作为重要转折点，人口从正增长逐渐朝着负增长方向转变。20 世纪 80 年代，在苏联各加盟共和国中，亚美

① 徐坡岭、黄茜：《地缘与区域生产分工网络对亚美尼亚经济发展的影响》，《欧亚经济》2019 年第 5 期。

尼亚拥有最佳的人口状况，不过受到1988年斯皮塔克大地震的影响，该国人口发展趋势产生了根本性转变。地震导致大多处在生育年龄的人口丧生，沉重打击了人口再生能力。另外，苏联解体影响下，亚美尼亚人口增长能力进一步受到削弱，特别是政治动荡导致本国经济面临较大的下行压力，也从根本上转变了本国的人口形势。第三，人口性别失衡现象突出。综合战乱等不同因素的影响，原苏联各地始终面临性别比不均衡的情况。随着苏联解体，这一问题在包括亚美尼亚在内的南高加索地区的严峻程度进一步增加。重男轻女是当地民众的固有传统思想，随着苏联解体，这一理念又重新出现。近年来，亚美尼亚较高的男孩出生率，令国内外生育专家都感到不可思议，之所以出现这一现象，在很大程度上与当地民众选择性流产有关。第四，亚美尼亚移民流向国主要以俄罗斯为主。考虑到地理位置毗邻，彼此拥有相近的文化、语言及宗教信仰，所以亚美尼亚人热衷于移民到俄罗斯。人口下滑不断加重当地的劳动力短缺的负担，这些年以来，俄罗斯为增加移民也先后制定颁布了各种优惠政策，俄罗斯特别倾向于接受亚美尼亚人移民。[①]

---

① 王鸣野：《亚美尼亚的人口发展趋势及其影响》，《新疆社会科学》2019年第2期。

与亚美尼亚关系紧张的邻国在人口上都远超亚美尼亚。阿塞拜疆人口有1000多万人。土耳其和亚美尼亚相邻，拥有超过8000万的人口。面对亚美尼亚，土阿两国具有相同的立场，因此当亚美尼亚遇到困难时，会首先想到向俄罗斯及伊朗寻求帮助。所以从人口上讲，亚美尼亚不会单独应对任何一场与邻国的长期大规模武装冲突。针对人口问题，亚美尼亚政府先是持有一种顺其自然的态度，随后转变为矛盾犹豫状态，又到目前持有的严肃对待的态度。很早以前，亚美尼亚研究机构便对该国人口形势问题作出风险提示。尽管如此，亚美尼亚政府仍表现出矛盾犹疑的态度。由于传统家庭观念的变化和难以遏制的对外移民，亚美尼亚未来仍然要面对人口下降的趋势。

（五）旅居俄美的亚美尼亚移民与离散族裔

亚美尼亚人自古有经商传统，经常在世界各地从事贸易和文化交流活动。近代以来，由于遭受周边国家的欺侮和压迫，不得不大量流落到世界各地旅居。据不完全统计，亚美尼亚侨民散居在世界数十个国家，俄罗斯国内有150万—250万名亚美尼亚人，而在美国生活了大约 100 万名亚美尼亚人[①]，法国和伊朗各约 20 万人，海外亚美尼亚族裔人口远超其国内人口。海外移民和离散族裔[②]非常团结，“在团结海外移民问题上如果能够形成一种思想战略，无疑会成为政治上的一股巨大潜力，同时这一潜力也会在任何时候朝着一股动态力量方向进行转变。在这些分裂势力面前，我们只有始终以复兴亚美尼亚为共同目标，才能够真正取得最终胜利”[③]。海外亚美尼亚人通过各种努力来帮扶国内经济社会发展，同时通过向所在国施加政治影响，提升亚美尼亚的国际地位，侨汇收入成为亚美尼亚国民收入的重要支柱，这种状况在世界各国各民族中显得较为独特。其中，生活在美国和俄罗斯的亚美尼亚裔是该民族海外群体的典型代表。

最早的亚美尼亚移民多是 19 世纪末期从土耳其逃

① 在美国，很多亚美尼亚裔在人口普查中已经登记为“美国人”，所以人们对美国亚美尼亚人数量的估计相差很大，在 48.4 万—200 万人，其中 20.5 万—100 万名居住在加利福尼亚州，其次是马萨诸塞州（2.9 万）、纽约州（2.4 万）、新泽西州（1.7 万）、密歇根州（1.5 万），其他州也都有数千人的分布。参见［亚］杰沃格·加斯帕扬《论析亚美尼亚族群在所在国外交决策中的影响及其局限性——以美国和俄罗斯为例》，吉林大学，博士学位论文，2019 年；杨进《欧美国家的亚美尼亚人》，《世界知识》2012 年第 5 期。

② 亚美尼亚离散族裔起初仅用来形容因亚美尼亚大屠杀产生的传统型离散族裔，随着离散族裔概念的扩散，亚美尼亚离散族裔逐渐成为全世界非生活在亚美尼亚共和国境内的亚美尼亚人的代称。

③ ［亚美尼亚］卡拉佩特·卡连强：《世界新秩序和亚美尼亚安全》，《俄罗斯东欧中亚研究》2009 年第 3 期。

到美国的难民，也有部分是从俄罗斯迁往美国的。亚美尼亚人擅长做生意，尤其擅长干那些不起眼的但却很能赚钱的生意。同时，亚美尼亚民族音乐及文学在美国也产生了较大的影响。这些年的发展中，在美国的亚美尼亚人努力传播本民族文化。威廉·萨洛扬（William Saroyan）是美国当代伟大的亚美尼亚裔剧作家和小说家，其作品以乐观面对考验和萧条时期的困境而著称。他的许多剧作和短篇小说叙述的都是贫困的美国移民后代的成长史，描述了亚美尼亚移民的血泪与欢歌，这种风格后来以“洛扬文体”而闻名于世。[①] 同时，美国政治制度也给少数族裔对美国外交决策产生影响留下了较大的空间。国会选举性质使其能够借助筹措竞选资金、开展基层动员等多元化方式开展民族游说。[②] 目前，美国的亚美尼亚裔“院外集团”拥有一定规模的发展势力，为保障自我权利，美国的亚美尼亚人专门成立了自己的组织，有代表性的包括“美国亚美尼亚人大会”等。这些组织拥有充足的经费来源以及广阔的人脉关系，经常性组织开展各种活动，这些组织直接影响到美国对亚美尼亚的

① 杨石乔：《亚美尼亚移民的血泪与欢歌》，《戏剧文学》2008 年第 12 期。

② ［亚］杰沃格·加斯帕扬：《论析亚美尼亚族群在所在国外交决策中的影响及其局限性——以美国和俄罗斯为例》，吉林大学，博士学位论文，2019 年。

政策。2007 年 10 月到 2019 年 12 月，“亚美尼亚大屠杀”议案多次由美国众议院通过，进一步加剧了土耳其政府对美国政府的不满。欧美国家历年来在“亚美尼亚大屠杀”问题上均对亚美尼亚给予支持，这和海外亚美尼亚裔的不断努力密切相关。生活在美国的亚美尼亚裔还专门修建了亚美尼亚“种族屠杀”博物馆。大多学者支持这样的一个观点，即美国亚美尼亚游说团体能够对美国涉及亚美尼亚的外交政策产生影响。[①] 这一形象使其在整个亚美尼亚离散族裔中具有较高的影响力，大多数群体也倾向于将亚美尼亚离散族裔视作仅次于犹太人的第二大游说集团。

和美国的亚美尼亚人社区相比，俄罗斯的亚美尼亚人社区规模更大、数量更多。亚美尼亚除了具有较高的失业率，并且适龄劳动人口中海外移民数量也始终维持在高位运行。[②] 结合联合国国际移民署公开数据，1990 年到2017 年，亚美尼亚净移民规模高

---

① Julien Zarifian, “The Armenian-American Lobby and Its Impact on U. S. Foreign Policy”, *Society*, 2014, 51 (5), p. 503.

② 亚美尼亚的大规模海外移民是一个复杂的历史问题。对亚美尼亚海外侨民总数的判断有多种说法。亚美尼亚官方和学者常用的数字是 700 万名海外侨民。也有研究认为，全球亚美尼亚人口大约为 1700 万人，约 1400 万名分布在世界各地。基于文献和官方机构的统计数据，1990 年前后开始的移民潮以及之后的海外劳务移民总数超过 100 万人。参见 Айкануш Чобанян, Возвратная миграция и вопросы реинтеграции: Армения, http://www.carim-east.eu/media/CARIM-East-RR-2013-04_RU.pdf。

达109万。[1] 与20世纪90年代由于纳卡冲突、斯皮塔克地震和苏联解体引发的移民不同，21世纪以来，亚美尼亚海外移民的特点主要以劳务移民为主。截止到2012年，仅俄罗斯境内的亚美尼亚劳务移民规模便高达148.05万人。[2] 然而，与美国的亚美尼亚族裔不同，俄罗斯亚美尼亚人在其复杂的形成历史中几乎没有产生共同的集体记忆，由此很难能够形成集体身份认同，部分早期俄罗斯亚美尼亚人的后代逐渐被俄罗斯同化。除了在大屠杀期间逃往俄罗斯的部分人群外，整个俄罗斯亚美尼亚人群体也并未形成大屠杀的创伤。由此可以看出，俄罗斯亚美尼亚人并不存在动机来影响亚美尼亚，只有诸如斯皮塔克大地震和纳卡冲突等发生在亚美尼亚共和国的重大灾难才会使俄罗斯亚美尼亚人被动地与母国发生联系。少数族裔群体高度组织化的政治活动对俄罗斯民族国家的统一和俄罗斯政府的权威不可避免地会产生侵蚀性影响，而国家统一和中央政府的权威对于俄罗斯来说至关重要。因此少数族裔群体制造议题、广泛地渗透俄罗斯政府决策的情况几乎不可能出现。[3]

---

① World Population Prospects 2017, https://population. un. org/wpp/Download/Standard/Migration.

② A. Aleksanyan, "Labor Migration of Armenians into Russia: Problems and Prospects", http://www. ysu. am/files/Labor-Migration-of-Armenians-into-Russia. pdf.

③ 武志杰:《离散族裔对母国影响评析——基于俄美亚美尼亚离散族裔的比较》，华东师范大学，硕士学位论文，2018年。

四　亚美尼亚的地缘战略安全与风险

由于所处地缘位置重要而敏感，并经历过东欧剧变、苏联解体，亚美尼亚不得不在夹缝中求生存。2018 年“天鹅绒革命”虽然一定程度上让该国政治进程取得了突破，但未来政局仍难以预料；尽管亚美尼亚是俄罗斯的传统盟友，美国多年来的渗透却使其极易成为大国博弈的棋子；而种族屠杀和领土争议更是让亚美尼亚与土耳其、阿塞拜疆势同水火，亚美尼亚始终面临着复杂多变的地区风险与挑战。

（一）“天鹅绒革命”后亚美尼亚政局存在不确定性

自“天鹅绒革命”事件爆发一直到现在，亚美尼亚先后经历了多次的总理选举活动，并且经历了一次议会选举活动。这些活动都从根本上改变了亚美尼亚的政治局面，具体来说，可以划分为以下四个关键阶段。

第一阶段（2018 年 4 月 13 日至 5 月 8 日），“天鹅绒革命”事件正式爆发，亚美尼亚的前总统迫于压力下台。帕什尼扬担任新总统。亚美尼亚大规模的反政府抗议活动在 2018 年 4 月 13 日开始。大概有超过 1 万名民众对于前总统参选总理表现出反对的态度。但是议会对于群众的抗议相当漠视。随后在 4 月 17 日，“天鹅绒革命”正式开始。这也就意味着刚刚当选不到一个星期的新任总理被迫下台。议会在 5 月 8 日第二次进行总理选举活动。帕什尼扬是唯一的候选人，他获得支持票的数量和反对票的数量分别为 59 票和 42 票[①]，获得超过半数议员支持成功胜选。

第二阶段（2018 年 5 月 8 日至 10 月 16 日），在新总理初步执政的关键阶段，政府和共和党之间的矛盾冲突频频出现。当时议会总共 105 个席位，共和党占据的席位总数为 50 席。这也使得新总统的政策失去了落地实施的空间。为了能够全面打击共和党，新政府将矛头进一步指向了亚美尼亚首都埃里温市市长。埃

① Никол Пашинян избран премьер-министром, https://ru. armeniasputnik. am/politics/20180508/11780005/parlament-izbral-nikola-pashinyana-premer-ministrom. html.

里温基金会存在着贪污腐败的现象，随后市长、共和党创始人之一马尔卡良正式宣布辞职。[①]

第三阶段（2018 年 10 月 16 日至 12 月 9 日），帕什尼扬对外宣布辞职，并且原议会解散。政府和议会之间的矛盾难以调解。帕什尼扬提出应该在最短的时间之内将高涨民意进行“变现”，于是在 2018 年 10 月 16 日他发表电视讲话。[②] 10 月 24 日，亚美尼亚举行第一轮总理选举，帕什尼扬同样是唯一的候选人，在这次选举活动当中，弃权票为 11 票，反对票为 1 票，没有赞成票。[③] 11 月 1 日，第二轮总理选举活动开始，他仍旧是唯一的候选人，弃权票为 13 票，没有反对票和赞成票，选举活动再次失败。[④] 两次选举活动都没有能够顺利选出新任总理，议会由此解散。

第四阶段（2018 年 12 月 9 日至今），帕什尼扬领导的政党取得新一届议会选举胜利，“我的步伐”联盟、繁荣亚美尼亚党以及光明亚美尼亚党获得的选票

---

① Сторонник Пашиняна станет мэром Еревана: подсчет голосов завершен, https://ru.armeniasputnik.am/politics/20180924/14650015/yerevan-vibori-mer.html.

② Пашинян подал в отставку, https://ria.ru/20181016/1530804232.html.

③ Парламент Армении сделал первый шаг к роспуску: Пашинян не избран премьером, https://regnum.ru/news/2506939.html.

④ Пашинян добился роспуска парламент а Армении, https://ria.ru/20181101/1531947883.html.

占比分别为 70.42%、8.26% 和 6.35%。[①] 新议会在 2019 年 1 月 14 日召开了第一次会议。新议会的正式成立也让帕什尼扬获得了来自政府层面和议会层面的双重支持，也就意味着他的未来政治生涯已经走入了正轨。

可以说这一事件的发展充分反映了亚美尼亚民众对于前领导人的严重不满。亚美尼亚共和党主席萨尔基相在 2008 年正式担任总统，在 2013 年又获得了连任的机会。共和党政府执政效率和治理水平未能满足民众需求，腐败问题多被诟病。透明国际全球清廉指数显示，亚美尼亚 2013—2017 年分别排第 94 名、第 94 名、第 95 名、第 113 名和第 107 名，2018 年是第 105 名，2019 年是并列第 77 名。[②] 另一方面也与帕什尼扬在初次上台后就出台新举措相关。帕什尼扬不仅继续打击前政权，还在不断树立政府良好形象。新政府在刚刚成立之初就积极策划构建一个完全独立的国家机构。这个机构的主要功能就是对腐败案件进行全面调研，对赃款进行收缴。这个组织还明确承诺要向

---

① В новом парламент е Армении будет больше депутатов: ЦИК утвердила число мандатов, https://ru.armeniasputnik.am/politics/20181216/16278048/v-novom-parlamente-armeni-budet-bolshe-deputatov-cik-utverdi-la-chislo-mandatov.html.

② 资料来源于透明国际 2013 年至 2019 年年度清廉指数，参见 https://www.transparency.org。

广大社会公众全面公开新官员的个人财产信息。除此之外，总统还提出了一项全新的惠民政策，那就是所得税改革。所得税改革之前的普遍税率为28%，改革之后的税率为23%，并且在未来三年的时间之内逐渐缩小到20%的比重。企业主体所缴纳的税，所得税也由原本的20%降低到现在的18%。[①] 同时广大民众的最低退休金水平不断提升。最低退休金水平在2019年的基础之上提升六成的比重，将达到25500德拉姆。这一数额将会远远超过亚美尼亚极端贫困的标准门槛。[②] 与此同时，亚美尼亚贫困居民的用气价格等也会逐渐降低。

"天鹅绒革命"后，亚美尼亚国内政局还面临一些挑战。从政治层面上来进行分析，这次革命活动所带来的正面支持效应正在不断降低。帕什尼扬积极利用群众力量和之前的政府进行斗争，争取到了良好的效果。但是在新政府全面稳定之后，民众对于自身生活水平提升有了更多的诉求，街头运动的参与者积极性

---

① "Налоговые маневры" по-армянски, или 10 важных событий в экономике в 2018 году, https://ru. armeniasputnik. am/economy/20181227/16454656/hleb-pensioneram-zrelishcha-rabochim-vazhnejshie-sobytiya-eh-konomiki-armenii-v-2018-m. html.

② В Армении не будет крайне бедных пенсионеров: минимальная пенсия с1 января 2019 года значительно повысится, http://newsarmenia. am/news/society/v-armenii-ne-budet-krayne-bednykh-pensionerov-minimalnaya-pensiya-s-1-yanvarya-2019-goda-znachitelno.

也在不断降低。从经济上看，亚美尼亚经济孤立的局面阻碍其挖掘经济发展潜力。“天鹅绒革命”成功后，很多民众在物质生活水平提升的层面上对于新政府有了更高的要求。然而这一目标的实现会受到主客观等多因素的影响。海外汇款是亚美尼亚民众的主要生活来源。因此国际局势以及经济环境的变动对于亚美尼亚产生的影响是相当深刻的。从外交上看，广大民众对于领土问题也表现出了比较敏感的态度。领土问题和国家尊严同整个民族的荣辱是高度融合的。和平谈判仍是解决纳卡问题的最优方式，但这将意味着双方均需作出妥协和让步，新政府将面临艰难的外交谈判。如何在谈判中取得有利地位，同时又照顾到国内民众的民族自尊心，将是新政府面临的又一难题。[①]

（二）亚美尼亚在大国博弈的夹缝中处境复杂

首先，俄罗斯与美国的地区角力让亚美尼亚不得不保持平衡。亚美尼亚所处的南高加索地区是俄美渗透与反渗透的重要区域。美国不断加大在亚美尼亚的影响，以制约俄罗斯的地区优势。美国对亚美尼亚的

① 李静雅：《亚美尼亚“天鹅绒革命”初探》，《国际研究参考》2019年第1期。

政策，主要应该关注如下两个核心要点。一方面，美国的政策是为了不断提升其在整个世界当中所产生的影响作用，特别是在经济援助领域以及地区矛盾冲突解决领域，要让其“世界领导”地位更为稳固。另一方面，美国在南高加索和中亚地区的主导权和决策权也在不断增加，其核心目的就是获取更多的利益。通过分析美国对亚美尼亚的态度，可以看出其典型的两面性。美国为亚美尼亚的发展提供了经济领域以及人道主义的大量援助，但对于亚美尼亚所实施的平衡的外交政策表现出了十分强烈的不满。[①] 相比之下，俄罗斯对亚美尼亚的政策十分有效，达到了控制亚美尼亚的目的。在军事上，为了确保国家长期安全，亚美尼亚对于俄罗斯的依赖性过高，俄罗斯也意识到了这一个问题，为此俄罗斯和亚美尼亚在多个领域开展了合作，而且合作的深度和广度都在不断延伸。俄罗斯对于亚美尼亚的发展起着决定性作用。亚美尼亚的电力和天然气等能源都被俄罗斯控制，这也就使得亚美尼亚必须要与俄罗斯加强合作。欧盟与亚美尼亚进行了很多次的会商研讨，他们希望亚美尼亚能够积极主动加入欧盟，能够为经济一体化的建设作出更多的贡献。但是在俄罗斯的制约之下，亚美尼亚和欧盟的合作也

---

① 陆齐华：《美国地缘战略中的亚美尼亚》，《东欧中亚研究》2001 年第 5 期。

只是处于初级层面，并没有更进一步深入。亚美尼亚促使欧盟为它开通一系列优惠条件，而未加入欧盟，对美国也是如此，只是经济合作，不涉及经济合作以外的其他合作，这一切都是俄罗斯政府对亚美尼亚政策的效果，从这一点来看俄罗斯对亚政策无疑是成功的。[①] 要想让亚美尼亚处于更为安全的国际环境，关键的要素就是实现美国和俄罗斯在这一个地区地缘政治利益领域的高度平衡。但这只能成为一个理想，现实中很难实现。“目前美俄两国在高加索地区的角逐简直是毫无目的，让人无法理解。因为两国就该地区还没有明确的政策和利益需求。”[②]

其次，亚美尼亚为避免成为俄美博弈的“棋子”，不断向欧洲靠拢。亚美尼亚和欧洲组织的结合是从亚美尼亚正式独立开始，并且保留了自己对外政策的优先权限。亚美尼亚和欧盟等组织的对接合作深刻影响了亚美尼亚的发展，同时也影响了南高加索地区各个国家关系。在多种因素的制约之下，欧盟的合作是亚美尼亚外交政策的核心内容。亚美尼亚为了能够继续向欧洲迈进也作出了一定的努力，但是这不仅会受到主观意识的影响，同时也会受到亚美尼亚民众传统观

---

① ［亚］部勇：《亚美尼亚与俄罗斯的关系探析》，吉林大学，硕士学位论文，2014 年。

② ［亚］卡拉佩特·卡连强：《世界新秩序和亚美尼亚安全》，《俄罗斯东欧中亚研究》2009 年第 3 期。

念的影响。早在2004年，亚美尼亚对于欧盟的不断扩张表示出了强烈的欢迎态度。亚美尼亚和法国的关系更为密切，并且与希腊等国建立了良好的合作关系。究其原因就在于很多亚美尼亚人都在希腊居住。亚美尼亚是许多欧洲组织和体系的成员，如欧洲理事会、欧洲安全与合作组织、黑海经济合作、欧洲复兴发展银行等。它是北约欧洲—大西洋合作理事会的成员，和平伙伴关系计划的参与者。亚美尼亚不仅将欧盟一体化视为融入欧洲政治经济一体化的进程，而且将其视为文化与精神价值回归的良机及其与欧洲历史关联的延续。

最后，务实而共同的战略利益使亚美尼亚与伊朗往来密切。多年来伊朗饱受西方世界制裁之苦，迫切需要在中东地区发展更多伙伴关系以破解困局。虽然亚美尼亚与伊朗宗教不同，但基于共同的利益和历史上的传统纽带，两国保持着平稳的关系。伊朗实际上从一开始就对其可能在高加索地区和中亚地区中所处的形势采取实事求是的态度，意识到不可能将伊朗模式运用到这些地区以后，伊朗认为在该地区运用“土耳其模式”是完全可能的。伊朗总是优先考虑其自身的安全和经济，其北部边境的稳定对于这个国家而言是至关重要的。伊朗有不少突厥—阿塞拜疆少数民族人口，这同样影响了伊朗对这些地区和邻国的政策。很明显，土耳其不断增强的势力将给这个地区带来许多问题，从这点来看，俄罗斯获取失而复得的势力，比较能够为伊朗所接受。[①] 但是伊朗和亚美尼亚的能源贸易以及对俄罗斯的利益影响也相当明显。亚美尼亚基于天然气市场供应商的多元化改革活动也会直接影响到俄罗斯的利益。为此，亚美尼亚和伊朗之间所形成的商业贸易关系很可能会导致俄罗斯自主权限不断削弱。如此一来就会导致亚美尼亚和俄罗斯之间的关系发生本质性的变革，当现状可能发生改变的状况下，亚美尼亚针对不对称的政治军事同盟有两种决策选择：防止现状改变或改变最初应允的义务。在目前南高加索地区紧张的政治局势下，对亚美尼亚而言，如若选择破坏俄亚同盟最初订立的条约会致使俄亚双方利益受损。故此，亚美尼亚与伊朗之间的贸易协定必定会减少俄罗斯的利益。[②]

（三）亚美尼亚与土耳其因种族屠杀而长期对立

亚美尼亚大屠杀（Armenian Genocide 或 Armenian Holocaust）是指在 1915 年至 1917 年，奥斯曼土耳其

① ［亚美尼亚］阿依科·马尔季罗相：《亚美尼亚加入欧盟的前景分析》，《俄罗斯东欧中亚研究》2008 年第 3 期。

② ［亚美尼亚］杰沃格·加斯帕扬：《非对称同盟之间的贸易——以俄罗斯与亚美尼亚在南高加索地区的同盟与贸易为例》，吉林大学，硕士学位论文，2016 年。

帝国政府针对其所辖领土范围之内的亚美尼亚人实施的残酷的种族灭绝性的大屠杀活动。[①]

对奥斯曼土耳其人来说，亚美尼亚人的民族解放运动具有相当大的威胁。伯纳德·刘易斯作为专门研究中东历史的专家学者对此认为："亚美尼亚人在由高加索边疆直到地中海沿岸横贯土耳其的亚洲部分，正好处在土耳其人故土的心脏地带，如果宣布放弃这些地方，那就不仅仅意味着缩小了土耳其版图，而是瓦解这个国家。"[②] 当亚美尼亚民族主义者的斗争对奥斯曼土耳其的帝国版图产生威胁，后者就会不惜借助屠杀的方法来打击亚美尼亚人。库尔德人在奥斯曼土耳其军队的支持和影响之下，于1894年夏天对亚美尼亚村庄进行大规模的屠杀活动。随后君士坦丁堡的亚美尼亚人在1896年又遭到暴徒的严重袭击。在随后的1905年、1909年和1915年，亚美尼亚人又遭受了不同程度的屠杀。具体来说，可以将第一次世界大战期间亚美尼亚大屠杀划分为两个不同的阶段。第一个阶段是对亚美尼亚青壮年男性劳动力的强征，其根本目的就是消灭亚美尼亚的核心力量；第二个阶段是"特西尔法律"的颁布，这部法律打着保护的旗号，实则

---

① 该资料来自亚美尼亚民族研究所（ANI，Armenian National Institute），http://www.armenian-genocide.org。

② ［英］伯纳德·刘易斯：《现代土耳其的兴起》，范中廉译，商务印书馆1982年版，第375页。

是对亚美尼亚人财产的掠夺，是对老年人和妇女儿童的驱逐。[①] 1915 年 4 月，奥斯曼政府着手对其国内的亚美尼亚人进行系统性的种族灭绝。奥斯曼帝国在 1923 年正式被土耳其共和国所取代，但是这种迫害活动却并没有终止。大量亚美尼亚人在各种暴力袭击当中死亡。当然还有不计其数的亚美尼亚人逃到了世界其他国家。

该事件目前已成为亚美尼亚、土耳其以及西方各国争论的焦点。"种族灭绝"日定在每年的 4 月 24 日。当这一天到来的时候，来自世界各地的亚美尼亚人都会发起各种纪念活动。在全球范围内，有 29 个国家对奥斯曼帝国的种族屠杀事件予以承认，其中有俄罗斯、法国、希腊、梵蒂冈等国家。德国联邦议院在 2016 年举行表决，确定 1915 年奥斯曼土耳其帝国对亚美尼亚人进行的种族灭绝活动是现实存在的。[②] 虽然以法国等为代表的很多西方国家都认为亚美尼亚大屠杀是堪比犹太大屠杀的一种严重的种族灭绝事件，但是一直到现在，土耳其政府仍然认为是由于战争以及饥荒的原因造成亚美尼亚人口数量的减少。[③] 亚美尼亚和土耳其

---

① Christopher J. Walker, *Armenia*: *The Survival of A Nation*, London: Croom Helm, 1980, p. 200.

② 张弘：《民族主义与政治转型的相互影响——以亚美尼亚为案例的研究》，《俄罗斯东欧中亚研究》2018 年第 3 期。

③ Stiina Loytomaki, *Law and the Politics of Memory*: *Confronting the Past*, Routledge, 2014, p. 31.

两个国家之间最大的困境就是历史遗留问题，这也是两个国家至今都没有建立外交关系的主要因素。最近几年，土耳其始终表现出比较强烈的加入欧盟的意愿，但是土耳其政府对待亚美尼亚历史问题的态度却始终是欧盟和土耳其之间不可逾越的屏障。[①]

（四）领土纠纷使亚美尼亚与阿塞拜疆冲突激烈

纳戈尔诺—卡拉巴赫地区（Nagorno-Karabakh，简称“纳卡地区”）位于亚美尼亚和阿塞拜疆中间，面积4400平方千米，人口18万，其中80%为亚美尼亚族人。纳戈尔诺是俄语中“多山”的意思。“Kara”在土耳其语中可以被翻译成“黑色的”，“ba”在土耳其语中则被翻译成“葡萄酒”的意思，同时在波斯语中则被翻译成“花园”的意思。而“bakh”是将“ba”俄语化的结果。亚美尼亚人将这一地区称为阿尔茨阿克（Artsakh，亚美尼亚语：Լեռնային Ղարաբաղ），阿塞拜疆人则将其称为达力克—卡拉巴（Dagliq Qarabag）。[②] 该地区从历史上来说是亚美尼亚人的土

① 杨进：《饱经风霜的民族——亚美尼亚人》，《俄罗斯中亚东欧市场》2008年第6期。

② Svante Cornell, *Small Nations and Great Powers: A Study of Ethnopolitical Conflict in the Caucasus*, Routledge, 2005, p. 48.

地，2000 多年以来，这里曾经是亚美尼亚以及波斯和俄罗斯帝国的组成部分。亚美尼亚人的足迹可以一直追溯到公元前 1 世纪前后。在 1923 年“纳戈尔诺—卡拉巴赫”这一词汇正式出现。

近代亚美尼亚与阿塞拜疆并未就“纳卡”问题产生冲突。“一直到 1905 年到来的时候，有很多的亚美尼亚人和阿塞拜疆人混居在一起。”① 然而在苏联统治时期的几次大规模移民，打破了原有的民族结构，破坏了族际平衡，导致民族间的不平等长期难以消除，这也就使得后来的民族矛盾难以调和。在此期间，阿塞拜疆政府采取了系统的发展政策，他们将所有的亚美尼亚人都驱逐出了纳希切万（Nakhidjevan）（一直到现在，这个地区仍然没有亚美尼亚人居住）。但这一政策对“纳戈尔诺—卡拉巴赫”收效甚微，在当时的情形之下，这一地区的亚美尼亚人占据的比重仍是比较高的。亚美尼亚统一运动 1988 年在“纳戈尔诺—卡拉巴赫”开始，与此同时“纳戈尔诺—卡拉巴赫”自治区还作出了一项决定：试图将“卡拉巴赫”从阿塞拜疆转入亚美尼亚，实现由外来统治到各民族权力的自决。阿泽里库这几座城市对亚美尼亚人进行了大屠杀，将一场和平的运动转变为暴力冲突，继而对“纳

① Thomas De Waal, “Black garden”, *Armenia and Azerbaijan through Peace and War*, New York: NYU Press, 2003, pp. 45 - 54.

戈尔诺—卡拉巴赫”的亚美尼亚人采取了军事行动。[①]

作为苏联末期爆发的第一场领土冲突，纳戈尔诺—卡拉巴赫冲突发端于1988年，在1994年正式停火，这也是第一次停火的时间。具体来说，根据冲突的不同程度可以划分为三个关键的阶段。第一个阶段是从1988年开始，一直到1990年结束，这一时期社群规模因族群之间的暴力活动和屠杀活动而变化。第二个阶段是1991年由反政府军和非常规部队参与的小规模苏联内战。第三个阶段是从1992年开始到1994年结束：两个新成立的主权国家之间的全面战争。在这场冲突当中，有2万多人失去了性命，有150多万人成了难民。亚美尼亚人的武装力量占据阿塞拜疆14%的土地。除去纳卡地区，还有很多原本属于阿塞拜疆的土地被亚美尼亚人占领。与领土争夺相伴随的是亚美尼亚人对阿塞拜疆人大规模的驱逐。[②]

2020年7月，两国在“纳卡”地区的冲突再度升级。阿塞拜疆声称亚美尼亚军队用炮击破坏了该国的军事阵地，但是亚美尼亚却称冲突的不断加剧是由于阿塞拜疆进行的炮击活动。阿塞拜疆方面提出，在冲

---

① ［亚］阿依科·马尔季罗相：《亚美尼亚加入欧盟的前景分析》，《俄罗斯东欧中亚研究》2008年第3期。

② 李迪：《亚美尼亚民族主义与纳卡冲突的爆发》，硕士学位论文，华东师范大学，2019年。

突发生的3天之内，己方有11名士兵死亡。亚美尼亚则称本国有4名士兵死亡，有10名士兵受到了重伤。[①] 从1994年到现在，俄罗斯和欧安组织明斯克小组针对这一问题进行了多次调解活动。但是阿塞拜疆和亚美尼亚两国总统都表现出了十分强硬的态度，因此谈判始终没有根本性的进展。亚阿两国之间关系正常化道路上的阻碍不仅仅有民族矛盾、宗教文明差异、领土纠纷，背后还蕴含着复杂的利益争夺，以及大国在此的力量角逐及其各自地缘战略目标的排他性。这些影响因素之间不是孤立的，它们相互交织，给该地区原本复杂的局势增添了正常对话的难度。

① "Azerbaijan Threatens Chernobyl-Style ' Catastrophe ' In Caucasus Drone War", https://www.forbes.com/sites/davidhambling/2020/07/17/threat-of-chernobyl-style-catastrophe-in-caucasus-drone-war/#93093bb7946a.

五　亚美尼亚在共建“一带一路”中的定位及前景

党的二十大报告指出：“中国愿加大对全球发展合作的资源投入，致力于缩小南北差距，坚定支持和帮助广大发展中国家加快发展。”① 作为古丝绸之路的重要一站，亚美尼亚处在东西方文明交汇地带，为人类文明的融合曾作出重要贡献。由于该国地缘位置极其重要，又处在大国博弈的纷争地带，近代以来，亚美尼亚经济社会遇到一定困难。尽管如此，该国仍积极寻求同中国在内的“一带一路”沿线国家广泛开展合作，为共建“一带一路”在欧亚地区的深度拓展发挥纽带作用。

---

①　习近平：《高举中国特色社会主义伟大旗帜　为全面建设社会主义现代化国家而团结奋斗——在中国共产党第二十次全国代表大会上的报告》，《人民日报》2022 年 10 月 26 日。

（一）中国和亚美尼亚的双边关系与合作

从历史上看，无论是中国文明，还是亚美尼亚文明，都是人类历史上最古老文明的典型代表。丝绸之路让两个古老的国家在几千年之前就已经形成密切的联系。然而，历史并不是两国联系的唯一纽带。亚美尼亚人和中国人都非常重视保护自己的民族身份和传统。当然，这并不意味着亚美尼亚和中国对当前的全球化浪潮不感兴趣或不愿参与。两国都希望发展自己的文化，利用全球化带来的好处来丰富自己的文明，这些共同的文化价值观是发展国家间双边关系的坚实基础。与此同时，亚美尼亚和中国不仅尊重彼此的历史底蕴和文化传统，在地缘政治和经济等因素上，两国确立的战略伙伴关系也能达到互惠互利的目标。从本质上看，共建“一带一路”在制度层面，“一方面，致力于推动全球经济治理制度体系向更具包容性、合法性和有效性的方向迈进；另一方面，注重新旧制度间的对话、兼容与合作”①。

亚美尼亚对中国表现出了长期的友好态度，而且亚美尼亚和中国的外交关系也是相当牢固的。亚美尼

① 任琳、孙振民：《“一带一路”倡议与全球经济治理》，《党政研究》2019 年第 3 期。

亚是上海合作组织最关键的对话伙伴国家，这一机制也为中国和亚美尼亚的有效合作夯实了政治基础。中国提出的“一带一路”倡议为亚美尼亚投资环境的不断改善以及经济结构的日益调整提供了更为坚实的平台支撑。尽管中国与亚美尼亚在投资合作领域存在政治稳定风险、机制障碍风险、投资效益风险等，但是两国合作潜力大，合作领域多，合作需求强烈，中国企业只要认真选取那些有投资价值、亚方欢迎的领域进行合作，就能化解风险，收获较高投资效益。中国的企业应该尽可能地选择具有投资价值并且受到亚方欢迎的领域开展深度对接。通过这种模式也可以有效地规避风险危机，提升投资的质量和效益。可以说在“一带一路”倡议框架下，两个国家无论是在基础建设领域还是在科技领域，无论是在金融领域还是在农业领域所呈现出来的互补性以及对接性都变得更为明显、更为突出。① 从另一个层面上看，中国是最早承认亚美尼亚独立并与其建立外交关系的国家之一（1992 年 4 月 6 日），亚美尼亚一直将对华关系置于“外交优先发展方向”，迄今已签署了 40 余项合作协议。2004 年 9 月时任亚美尼亚总统罗伯特·科恰良（Robert Kocharyan）访华时指出，“两国在政治方面不

① 杨进：《亚美尼亚政治危机探析——兼论中国与亚美尼亚“一带一路”合作》，《俄罗斯东欧中亚研究》2019 年第 5 期。

存在任何问题，经济合作发展顺利，在国际问题上立场相近”，强调“双方将加强在能源、化工、农业科技各领域的合作”。迄今两国已签订了包括《两国政府联系公报》《避免双重征税和防止偷漏税的协定》《民用航空运输协定》《中央银行合作协议》《经济技术合作协议》等数十项涉及双边关系诸多领域的合作文件。

2013 年“一带一路”倡议提出后，亚美尼亚官方积极响应中国的主张。2015 年，时任亚美尼亚总统谢尔日·萨尔基相（Serzh Sargsyan）访华，与中国国家主席习近平会晤，两国签署《关于进一步发展和深化友好合作关系的联合声明》，强调“共同建设丝绸之路经济带的倡议为两国开展全方位合作提供了新的历史机遇。双方将积极落实已签署的相关协议，共同推动丝绸之路经济带建设，开辟双方合作新的广阔前景”；“中方鼓励和支持中国企业在平等互利的基础上，按照商业原则赴亚投资兴业，将根据有关项目的经济和技术可行性，参与农业、交通、能源、通信、卫生和基础设施等领域建设和发展，愿继续向亚提供力所能及的援助，帮助亚方实施重大民生项目”①。亚

① 《中华人民共和国和亚美尼亚共和国关于进一步发展和深化友好合作关系的联合声明》2015 年 3 月 25 日，外交部网站，https://www.fmprc.gov.cn/web/ziliao_674904/1179_674909/t1248599.shtml。

美尼亚是国际资金、信息、商品和人员交流的重要通道，在文化上的多元性和包容性则为亚美尼亚扮演本地区的重要角色奠定了较好的人文基础。

亚美尼亚政府2017年8月3日发布的《“经济外交”优先国家名录》中，中国仅次于俄罗斯和美国，位居第三。[①] 2013年，亚美尼亚出版了《亚美尼亚人看中国》（*Китай глазами армян*）一书，包括国家政要、社会活动家以及著名学者在内的著名人物，均在书中盛赞中国文化和中国经济奇迹。亚美尼亚人对中国抱有极大兴趣和好感，对中国改革开放所取得的伟大成就赞叹不已。孔子学院也对两国关系的提升起到重要作用。目前，亚美尼亚共有3个孔子课堂以及10个汉语语言文化中心。亚美尼亚学习汉语的人员数量呈现出逐步攀升的基本状态。亚美尼亚国家电视台专门播放了《跟我学汉语》，2016年、2017年两个年度收看该节目的观众已经超过了4万余人次。近年来，中国向亚美尼亚捐赠了200余辆公共汽车以及大批警用和医疗急救车辆，极大地缓解了该国政府社会服务资金投入不足的困境。2020年新冠疫情在亚传播并持

① 根据该名录，今后亚美尼亚政府在经济发展中优先考虑合作的国家和组织分别是：俄罗斯、美国、中国、伊朗、格鲁吉亚、阿联酋、法国、德国、意大利、加拿大、黎巴嫩及比荷卢联盟。参阅 http://novostink. ru/armenia/209014-armeniya-utverdila-prioritetnye-strany-dlya-ekonomicheskoy-diplomatii. html。

续蔓延的时候，中国政府第一时间向亚方捐赠检测试剂盒，中国卫健委高级专家组多次与亚卫生部专家视频连线，介绍中方预防、治疗新冠肺炎工作经验。中方还积极协助亚方包机先后4次赴华采购医疗防护物资，并向亚方捐赠了呼吸机、防护服、口罩等防疫物资。①

（二）亚美尼亚对共建“一带一路”的基本认知

亚美尼亚对共建“一带一路”的基本认知可以从两个维度进行解读与分析。

一方面，亚美尼亚政府多次表达出参与共建“一带一路”的诉求和期望。2019年6月，亚美尼亚总理访华期间，亚美尼亚驻华大使谢尔盖·马纳萨良（Sergey Manassarian）明确表示发展同中国的良好合作关系是亚美尼亚政府外交政策的“优先事项”。亚美尼亚政府认同中国是亚美尼亚的重要伙伴。两国互免普通护照人员签证的措施证明了两国关系处在历史最好的水平，这是加强两国各方面关系和建立两国直航

① 《驻亚美尼亚大使田二龙就中亚两国抗疫合作发表署名文章》，中华人民共和国驻亚美尼亚共和国大使馆，http://am.chineseembassy.org/chn/xwdt/t1796368.htm。

联系的重要前提。“今天，我们可以肯定地说，中国是亚美尼亚可靠的合作伙伴。我们的关系是基于相互尊重和信任的，在亚美尼亚总理访问北京期间也清楚地看到了这一点。”[①] 目前中国公司已经承建起亚美尼亚贯通南北的高等级公路项目，同时，亚美尼亚正在积极探讨落实两国企业间多种基础设施的合作项目。他强调，对于共建“一带一路”，亚美尼亚“高举双手”赞同和欢迎，亚美尼亚官方已多次表达过上述立场。双方在多个领域的合作正稳步进入实施阶段，两国通力合作，特别是在资本市场和交通基础设施建设等方面取得了较大的成效。[②]

从另一个层面上看，来自亚美尼亚学术界的很多学者对于共建“一带一路”也开展了深度研究，并且给予了积极而良好的评价。从事亚美尼亚和中国关系研究的西蒙·萨拉德兹良（Simon Saradzhyan）于2012年发表了调研报告《亚美尼亚和中国——基于特殊伙伴关系的案例分析》。[③] 这篇文章主要描写两个国家在庆祝建交20周年的关键时机总结了亚美尼亚和中国之

① “Level of Chinese Investments in Armenia Low: Armenia's Ambassador”, https://www.aysor.am/en/news/2019/06/12/armenia-china/1574594.

② 《我们会积极参与“一带一路”建设——访亚美尼亚驻华大使谢尔盖·马纳萨良》，《人民日报》2016年6月29日。

③ Simon Saradzhyan, “Armenia and China—Case for a Special Partnership”, Belfer Center for Science and International Affairs, 2012.

间的关系，与此同时，文中还明确提出亚美尼亚对于中国的快速发展给予高度的肯定和赞扬。该文对亚美尼亚和中国政策以及格鲁吉亚与阿塞拜疆的政策进行了明确的对比和分析。与此同时，在文章的最后还针对亚美尼亚与中国合作关系的转变给出了一些可落地的参考意见。麦哈什·萨哈基扬是亚美尼亚另一位代表性学者，他在中国的南京大学获得了博士学位，回到亚美尼亚之后随即创立了“中国—欧亚战略研究中心”。《中国的“一带一路”倡议和亚美尼亚》是他在2018年撰写完成的一本亚美尼亚文和俄文版的书籍。[①]该书是亚美尼亚目前第一本分析共建“一带一路”的学术专著，所探讨的中国国内和外交政策方面的问题，在亚美尼亚学界几乎都是空白。其研究的主要目的是介绍亚美尼亚可以参与中国的共建“一带一路”的战略路线图，在此过程中不断加强其与中国在政治、军事技术、金融和经济方面的合作。作者分析了中国共建“一带一路”在世界秩序框架内的影响，并从国家安全的角度介绍了上述倡议。通过向亚美尼亚国内介绍共建“一带一路”，可以从政治、经济和社会文化等多方面对“新丝绸之路”进行客观解释，有助于加深中国和亚美尼亚各方面交流，帮助亚美尼亚政府通过直接实

① Mher Sahakyan, “China's One Belt, On Road Initiative and Armenia”, Yerevan, 2018, p. 30.

际而有效的方式强化与中国的双边关系。

当然，也有一些存在一己私利想法的批评人士指责中国通过所谓“债务陷阱外交”来实现对欠发达国家的利用的目的。[①] 然而对于这样一种现状，亚美尼亚的贸易代表赫兰特·阿巴良并没有表现出任何的担心，与此同时，他还明确提出：面对这种不同的声音，面对种种批评和质疑，亚美尼亚并没有任何的妥协，这是没有任何问题的。没有任何与之不契合的相关问题，中国始终都是亚美尼亚最为友好的合作伙伴，而且中国和亚美尼亚正处于一段十分伟大的关系当中。[②] 经验表明，共建“一带一路”在亚美尼亚和南高加索地区的实施迄今被证明是积极乐观的。

（三）亚美尼亚参与共建“一带一路”的条件与前景

从现实条件看，中国商务部门对亚美尼亚当前的投资环境给予了高度的赞扬。亚美尼亚在整个欧洲地区都属于经济自由度相对较高的地区。美国发布《2018 年经济自由度指数》中显示，该国在 180 个国

---

① Raffi Elliott, “Is Armenia Playing a Dangerous Game with China?”, *Armenia Weekly*, January 2019.

② Roie Yellinek, “Opinion-The Impact of China’s Belt and Road Initiative on Central Asia and the South Caucasus”, *E-International Relations*, February 2020.

家中位列第44位，在世界银行《2018年全球营商环境报告》中排名第47位。有报告指出，2017年以来亚美尼亚经济表现出强劲势头，2019年GDP总值136.73亿美元，工业、服务业、进出口总额和国内贸易均大幅增长，外汇储备和侨汇收入稳步增长，建筑业呈现难得的回暖迹象，宏观经济很多指数均超出专家预期。[①]受疫情和地区冲突的影响，亚美尼亚2021年GDP为138.61亿美元，总体形势较为平稳。为了能够吸引更多的国外企业到亚美尼亚进行投资，亚美尼亚政府也在投资便利化的程度提升上作出了努力和探索。在中国明确提出“一带一路”倡议之后，亚美尼亚参与的区域分工网络也多了一个重要选项。在过去的10年里，亚欧大陆一直是商业活动的重要领域。各国当下正在共同努力，争取进入新的贸易走廊。跨里海走廊是该竞争活动的一个关键区域。阿塞拜疆和格鲁吉亚由于其地理位置而被纳入跨里海走廊，这其中却不包括亚美尼亚。而中国在格鲁吉亚和阿塞拜疆的驻留将对亚美尼亚产生溢出效应。成为欧亚经济联盟成员国会让亚美尼亚成为国际市场中更为突出的一部分，也可以使亚美尼亚对中国的投资更具

---

① 商务部国际贸易经济合作研究院等：《对外投资合作国别（地区）指南：亚美尼亚（2018年版）》，中国一带一路网，https://www.yidaiyilu.gov.cn/zchj/zcfg/6858.htm。

有吸引力。[1] 共建“一带一路”倡议被正式提出之后，中国高度重视与欧亚地区之间的有效合作。[2] 作为欧亚经济联盟的成员，亚美尼亚与中国在经贸上的分歧最小，互补潜力巨大，发展中国与亚美尼亚的经贸关系，将更有力地强化“丝绸之路经济带”与“欧亚经济联盟”的合作。

目前亚美尼亚参与共建“一带一路”还存在一些尚未解决的问题。第一，两国民众缺乏对彼此足够深入的了解。就当前的现状来看，亚美尼亚在语言推广和文化推广领域所采取的方式方法还不够灵活，不够创新。真正能够彰显国家良好形象的公共外交手段还没有形成。当前亚美尼亚关于其历史和文化的网站只有一个关于其历史、文化的汉语网站（www. newsilkroad. am）。[3] 这也就意味着亚美尼亚需要借助于多元化的传播手段和传播平台在世界范围之内树立良好的国家信誉和国家形象。第二，亚美尼亚国内资源禀赋和经济发展水平仍然相对薄弱。制约亚美尼亚经济发展的核心问题是，巨大的贸易赤字和财政赤字制约着国

① ［亚］梅里妮·索菲扬（Meline Sofyan）：《南高加索经济走廊和中国“一带一路”亚美尼亚观点》，硕士学位论文，厦门大学，2018 年。

② 韦进深：《欧亚经济联盟的制度设计与“一带一盟”对接的模式与路径》，《国际关系研究》2020 年第 2 期。

③ 孙玉华、任雪梅：《中国与亚美尼亚关系的历史、现状及前景展望》，《东北亚外语研究》2018 年第 1 期。

家的资本市场，固定资产投资率常年偏低，同时现代产业基础薄弱使得国家缺乏经济自主性。加入欧亚经济联盟后，亚美尼亚力图将与俄罗斯的经济融合作为振兴本国的重要抓手。[①] 亚美尼亚的区域一体化路径选择固然与其所处的复杂不利的地缘政治经济环境有关，但这种单向度一体化无助于解决根本问题。第三，亚美尼亚对于俄罗斯的外交依赖程度仍旧是比较强的，这是亚美尼亚外交困境始终得不到根本性解决的关键原因。特殊的地缘位置以及长期发展过程当中所形成的历史包袱，使得亚美尼亚不能够像其他一些小规模发展中国家那样，利用大国博弈的有利因素实施外交策略。亚美尼亚广大民众对于欧美生活是相当向往的，他们对于加入欧盟也有着强烈的期待。然而从地缘政治维度和安全维度的层面上进行考量和分析，亚美尼亚必须要和俄罗斯形成盟友的关系。[②] 在某种程度上，当前的发展格局会直接制约亚美尼亚经济社会的长足发展，和俄罗斯构建高度一体化的经济发展模式，也会导致中国和亚美尼亚的合作面临一定的技术障碍和市场壁垒，提高了双边合作成本。

---

① Tigran Sirekanyan, "It's Time for Armenia to Become Part of New Silk Road-Armenian President Meets with Chinese Delegation", *Armen Press*, April 2019, p. 11.

② Sofia Bergmann, "Armenia in the Belt and Road Initiative", EVN Report, December 2019.

从长远看，亚美尼亚参与共建“一带一路”的机遇大于挑战。积极发挥“一带一路”的支撑性作用，亚美尼亚将会从中国方面获得较为理想的优惠贷款或者是较为充裕的投资额度。这对于亚美尼亚单一经济发展体制的改善也是相当有利的。[①] 可以说在共建“一带一路”框架指引之下，国际产业转移的优势以及充沛的资金补给也为中国和亚美尼亚产能合作搭建了坚实的基础。从中国发展的层面来看，亚美尼亚的经济体量相对比较小，与这样一个国家进行合作很容易让“一带一路”朝着纵深的方向日益延伸。中国在2019年从亚美尼亚进口的商品总额已经达到了75723.5万美元，较2018年增长了46.9%；其中出口总额为22270.5万美元，同比增长4.5%；中国从亚美尼亚进口的商品总值为53453.1万美元，同比增长76.9%。[②] 随着中国综合国力不断增强，中国在欧亚地区的影响力也在不断提升。这也就意味着在共建“一带一路”框架下，亚美尼亚和中国开展深度合作具有十分重要的现实意义。首先，这能够让中国企业在亚美尼亚的投资活动和合作活动的广度和深度得到进一

---

① “China in the Caucasus: For Armenia, Azerbaijan, and Georgia, China is an important investor and possible regional stabilizer”, ANI Armenian Research Center, February 2016.

② 资料来源：中华人民共和国海关总署，http://www.customs.gov.cn//customs/302249/302274/302277/302276/2851396/index.html。

步的延伸。目前，中国企业尚未深度参与该国的基础设施建设，作为中亚、西亚地区的旅游、会议中心和交通枢纽，该国具有较好的发展前景和广阔商机，亟须得到国外投资以提振国内经济和人民生活水平，扩大内需和就业。其次，这能够进一步强化中国和亚美尼亚在经济领域以及政治文化领域的互信和共赢。中国和亚美尼亚都是拥有悠久历史的古老国家，在漫长的发展历程当中形成了很多的优秀文化。自从古代丝绸之路一直到现在，两个国家的友好往来是源远流长的。“一带一路”建设的持续拓展，也能够为两个国家的深度交流合作夯实基础支撑。最后，中国与亚美尼亚的深度合作能够进一步增强共建“一带一路”在整个欧亚地区所产生的凝聚力和影响力。南高加索地区位于亚欧大陆的结合地带，历史悠久，地缘战略位置十分重要。亚美尼亚积极参与“一带一路”意味着该地区所有国家都成为该倡议的关键力量，中国在南高加索的地缘战略基础将得到极大巩固。

结　论

亚美尼亚地处南高加索区域，是共建“一带一路”中连接亚欧大陆的关键节点。自独立以来，该国经济社会发展正经历从低谷到复苏的过程，目前状况相对稳定。1991 年亚美尼亚宣布独立。1992 年 4 月 6 日，中国与亚美尼亚正式建立外交关系。经过 30 多年的共同努力，两国牢牢把握双边关系正确发展方向，友谊之树硕果累累。

政治领域，两国互信基础坚实。两国在涉及彼此重大利益问题上相互坚定支持，在联合国、世界卫生组织、上海合作组织等重要多边平台密切协作，为捍卫两国和发展中国家正当权益、维护国际和地区安全稳定作出积极贡献。两国领导人建立起良好工作关系和个人友谊，为双边关系发展持续注入新动力。2021 年，亚美尼亚总统、总理、议长等国家领导人致贺中国共产党百年华诞，亚美尼亚执政党“公民协议党”

及其他主要政党应邀出席中国共产党与世界政党领导人峰会，亚美尼亚邮政公司发行“中国共产党成立100周年”特种纪念邮票。2021年9月，习近平主席、李克强总理向亚美尼亚独立30周年致贺信；10月1日，时任亚美尼亚总统阿·萨尔基相再次到访中国驻亚使馆新馆舍，祝贺中华人民共和国成立72周年。2022年4月6日，习近平主席同亚美尼亚总统哈恰图良互致贺电，庆祝两国建交30周年。

经贸领域，两国合作务实强劲。建交以来，中国与亚美尼亚的经贸合作取得长足发展，贸易规模不断扩大。在多年的发展过程当中，中国始终是亚美尼亚第二大贸易合作伙伴，同时也是亚美尼亚第二大出口国家以及进口国家。新冠疫情暴发后，中亚两国携手应对，采取有效举措，实现双边贸易逆势增长。据中方统计数据，2020年双边贸易额跨过10亿美元关口，同比增长34.8%。2021年双边贸易额再创14亿美元历史新高，居外高加索三国之首。当前，中国企业承建的“北南公路”、矿泉水厂、变电站改造、光伏电站等项目顺利推进，为当地经济发展和民生改善作出积极贡献。

文化领域，两国交流日益活跃。2009年2月，亚美尼亚“布留索夫”国立大学孔子学院正式揭牌，至今已在多个大中学校开设3所孔子课堂和7个汉语教学点。2018 年，中亚友谊学校竣工投入使用，带动亚美尼亚国内“汉语热”持续升温。亚美尼亚注册学习汉语的人员数量已经超过了 3000 人，越来越多的当地民众特别是青少年喜爱中华文化，期盼有机会赴华留学。2022 年北京冬奥会成功举行。亚方在反对“体育政治化”等问题上坚定支持中方，派出 6 名运动员赴华参加“冰雪之约”，同中方一道，用实际行动维护奥运精神。

亚美尼亚是拥有悠久历史和灿烂文化的文明古国，传说诺亚方舟曾停泊于此，《圣经》中的伊甸园也在这片土地上。考古发现，亚美尼亚的文明痕迹最早可追溯至公元前 4000 年。中国和亚美尼亚虽远隔万里，但双方友好交往的历史源远流长。2000 多年前，古老的丝绸之路将中国和亚美尼亚紧密连接在一起。建交 30 年来，中国与亚美尼亚一直保持着良好的双边关系，亚美尼亚也对深度参与共建“一带一路”抱有强烈意愿，并具备一定的基础条件，能够为共建“一带一路”在该地区的拓展营造有利环境。尽管亚美尼亚从地缘政治现状看还存在一定风险和不确定性，但从长远看，该国通过积极参与共建“一带一路”，将为中国及沿线发展中国家的合作共赢带来更多助力、便利与机遇。

附　　录

“一带一路”国别信息资料库　亚美尼亚

版块	具体内容	说明
基本概况	地理情况	亚美尼亚地处西亚南高加索的南侧、亚美尼亚高原东北位置，领土面积2.98万平方千米。西侧和土耳其相邻，北侧和格鲁吉亚相邻，南侧和伊朗相邻，东侧和阿塞拜疆相邻。境内以高原地形为主，海拔高于1000米的地区占本国领土中的九成以上，蜿蜒的山脉一直向土耳其境内绵延。 主要河流为阿拉克斯河。阿拉加茨山为亚美尼亚最高点，最高海拔是4090米。塞凡洼地分布在亚美尼亚东侧，其中分布有面积为1360平方千米的塞凡湖，这也是在当地众多湖泊中面积最大的。 当地气候以亚热带高山气候为主，常年干燥寒冷。1月温度均值为－2℃—12℃；7月温度均值为24℃—26℃。
	人口数量	1. 人口总量 2015年年底人口总量为299.86万；2016年年底人口总量为298.61万；2017年年底人口总量为297.27万；2018年年底人口总量为296.53万；2019年

续表

版块	具体内容	说明
基本概况	人口数量	年底人口总量为295.97万。2021年年底人口总量为279.09万。（据亚美尼亚国家统计局法律登记人口数据） 2.2008年以来的人口增长率 亚美尼亚人口规模自1992年起总体上呈现递减趋势，在2012年、2013年两年略有回升，之后继续逐年递减。从1992年到2017年，人口从363万减至298万，增幅从1993年的-4.66%变为2017年的-0.41%。2016年1月1日，亚美尼亚人口自20世纪70年代以来首次下降至300万以下。（世界银行的数据和亚美尼亚国家统计局数据有偏差，亚美尼亚国家统计局的数据只有人口自然增长率）
	主要城市	1. 首都 埃里温（Yerevan，Ереван），人口约108.4万（2020年年初统计），是亚美尼亚的州级市，也是本国的文化中心、政治中心和经济中心。地处拉兹丹河畔，向南距土耳其仅有20余千米。海拔高度在850米到1300米。埃里温市下辖7个区，诸多地处拉兹丹河左岸。亚美尼亚共和国行政机关便坐落于埃里温市中心。南高加索各国家中，埃里温在机械生产、变压器、机床、建材、化肥罐头等行业具有较高的影响力。主要产业为机械制造及金属工业、红葡萄酒及白兰地酿造、烟草制造等。埃里温是南高加索古城之一。从公元前782年起，这里便成为要塞之地，6世纪初在亚美尼亚史籍中有所记录。1440年，埃里温成为东亚美尼亚商业、行政中心。1828年并入俄罗斯。1936年，埃里温正式确定为亚美尼亚首都。苏联解体前，埃里温居民以亚美尼亚人为主，不过当时包括伊朗人、库尔德人等在内的其他少数民族民众也在这里杂居。但是，纳戈尔诺—卡拉巴赫战争爆发后，影响了阿塞拜疆少数民族，阿塞拜疆人基本消失。并且在20世纪90年代，俄罗斯少数民族由于受到经济危机的冲击也从亚美尼亚离开。截止到现在，埃里温居民依然以亚美尼亚人为主。 2. 其他具有代表性特征的省市 希拉克州，亚美尼亚的一个州，其人口数为23.14万（2020年年初统计），土地面积为2681平方千米，希拉克州的首府为久姆里。

续表

版块	具体内容	说明
基本概况	主要城市	久姆里（亚美尼亚语：Գյումրի）地处亚美尼亚西北，与埃里温之间的距离为120千米，是希拉克州首府，当地拥有人口150917，也是仅次于埃里温的第二大人口城市。1924年，为纪念列宁，希拉克州更名为“列宁纳坎”。这里也是亚美尼亚苏维埃社会主义共和国核心工业中心。不过，1988年，当地遭受斯皮塔克地震的侵袭，给列宁纳坎带来极大的破坏。久姆里这一名称的调整是苏联解体后进行的。目前，久姆里依然为本国第二大城市。 瓦纳佐尔地处亚美尼亚北侧，为洛里州首府城市，当地拥有107394人口规模，为亚美尼亚第三大城市。
	资源情况	亚美尼亚为内陆高山国家，全境90%的地区在海拔1000米以上，自然资源贫乏，可耕土地面积有限，森林覆盖率水平不高，能源燃料短缺，天然气、石油等常规能源均以进口方式取得，国内拥有比较丰富的金属矿藏、水利资源及非金属矿藏。亚美尼亚金属矿藏分布在中部、北部和东南部地区。已探明的金属矿藏以铜钼矿、铜矿、伴生金矿、铁矿为主。金属矿和非金属矿多数为复合矿和多金属矿，如铜钼矿、铜铁矿、金—多金属矿、金—硫化物矿等。已探明储量并完成注册的矿藏数量一共为670个。金属矿数量有30个，铜钼矿数量有7个，铜矿数量有4个，伴生矿数量有14个，铝矿数量有1个，铁矿石矿区数量为2个。从金属储量上，居于前列的资源主要有铁、铜、钼、铅等。在全球总储量中，亚铜钼矿在其中拥有5.1%的市场占比，已探明钼储量在全球所占比重为7.6%。代表性的非金属矿以火山岩、珍珠岩等为主。当地拥有高达1.5亿立方米的珍珠岩探明储量。铜矿资源主要集中在南部休尼克州的Kajaran铜钼矿、Agarak铜钼矿、Kapan铜矿以及北部洛里州的Alaverdi铜钼矿等。据2010年统计数据，亚美尼亚已探明铜钼矿总储量为19.5亿吨，最大的赞格祖尔（Zangezur）铜钼矿储量达17.5亿吨，占总储量的90.1%。2010—2014年，亚铜精矿年加工产量分别为11.8万吨、12.8万吨、15.6万吨、18.4万吨、19.2万吨。2015年得益于捷古特矿开始运营，产量上升至31.2万吨，同比大幅增长64.1%。铁矿资源主要分布在阿博维扬、拉兹丹和斯瓦兰兹等地。目前，亚美尼亚唯一的一家较大炼钢厂位于恰伦察万（Charentsavan）地区，主要以回收的废旧钢铁为原料。亚铁矿原料相对缺乏，市场规模有限，与其进口产品存在激烈竞争，

续表

版块	具体内容	说明
基本概况	资源情况	能源和交通费用在生产成本中占比较高，以上不利因素严重制约了亚钢铁冶炼行业的发展，与其他国家开展相关合作可行性较小。亚美尼亚金矿及伴生金矿分布较为广泛，在格加尔库尼克等6个州界内均有金矿资源。据2010年统计数据，已探明金矿总储量为2.3亿吨，其中金矿生成地储量合计为2.1亿吨；伴生金矿资源分别是多金属金矿、硫化物金矿和锑金矿，已探明总储量1700多万吨。 亚美尼亚森林面积为459900公顷，约占亚美尼亚领土面积的11.2%。主要森林地区位于北部、东北部和南部，而该国中部几乎没有树木。约70%为高森林，其中85%为山毛榉、橡树和鹅耳枥。其余的是灌木林，其储存和退化都很少。 亚美尼亚水利资源丰富，地上水资源总量约为40亿立方米。每年入境水量约12亿立方米（主要来自阿拉斯河上游流域），流出境水量约9亿立方米，主要流入格鲁吉亚、阿塞拜疆和伊朗。亚美尼亚约有大小河流9480条，小湖泊100多个，其中最著名的是塞凡湖。塞凡湖是世界上最大的高海拔淡水湖之一。该湖最宽处72.5千米，长376千米，是亚美尼亚乃至整个南高加索地区的最大淡水源。亚美尼亚境内共建有75座水库，总蓄水量为986亿立方米。大型水库包括阿尔皮里奇水库、阿胡良水库、阿帕朗水库、卓瓦申水库、沙木普水库、托洛尔水库、斯潘达良水库、芒达石水库和卡尔努特水库。所有水库均用于灌溉，芒达石水库还用于饮用水和日常供水。最大的阿胡良水库位于亚美尼亚与土耳其边界，由于政治分歧，两国无法对该水库实现共同利用。亚美尼亚全国水电资源约为170万千瓦，约40%被利用。大部分水电站都位于拉兹丹河和沃罗坦河上。 亚美尼亚有许多泉水和水井，其中一些具有药用特性。
政体类型	国家结构形式	单一制国家。实行一级权力下放制度，10个州是在中央政府权力下分散的实体。亚美尼亚一级行政区分为10个州——阿尔马维尔州、休尼克州、盖加尔库尼克州、科泰克州、洛里州、希拉克州、塔武什州、阿拉加茨州、亚拉腊州、瓦约茨佐尔州及一个州级市埃里温。

续表

版块	具体内容	说明
政体类型	政体类型	政体为议会共和制。现任总统瓦格恩·哈恰图良，2022年3月当选总统，3月13日就职。现任政府总理尼科尔·帕什尼扬，2021年8月2日任职。亚美尼亚1991年从苏联独立出来，1995年7月5日通过独立后首部宪法，规定是总统制政体，实行三权分立，总统拥有5年任期。2015年12月，亚美尼亚进行宪法修改，调整国家政体，由之前的半总统制变更为议会制。结合新宪法，国家行政权力由总理负责，国家元首为总统，行使礼仪性职务。在谢尔日·萨尔基相总统任期结束后，亚美尼亚将完全改为议会制，2015年的宪法改革将生效。亚美尼亚于2018年4月改行议会制，共和党主席、卸任总统谢尔日·萨尔基相转任总理，引发反对派强烈抗议，亚美尼亚爆发“天鹅绒革命”，谢尔日·萨尔基相就任7天后被迫辞职。5月8日，亚美尼亚议会进行新一届总理选举，抗议活动领袖帕什尼扬作为唯一候选人当选。帕随即任命新政府成员，并获总统批准。6月7日，亚美尼亚议会审议通过新政府施政纲领。新政权将促进经济持续发展、打击腐败、改善民生和社会保障、加强军队建设、筹备议会提前选举等列为政府工作目标。为推动议会提前选举，帕什尼扬于10月16日宣布辞职，并暂行代总理职务。12月9日，亚美尼亚举行非例行议会选举，帕什尼扬代总理领导的“我的行动”政党联盟赢得议会多数席位。2019年1月14日，亚新一届议会召开第一次大会，选举“我的行动”联盟提名的候选人米尔佐扬为新任议长。同日，亚美尼亚总统签署法令批准“我的行动”联盟提名的候选人、代总理帕什尼扬为新任总理。 议会称国民会议，是国家最高立法机关，任期5年，共设至少101个席位，全部为比例制。2018年12月9日，亚美尼亚举行非例行议会选举，新议会共设132个议席。
	领导人	第二任总统罗伯特·谢德拉基·科恰良（亚美尼亚语：Ռոբերտ Քոչարյան），生于1954年8月31日。1971—1972年，他求学于莫斯科动力学院，毕业后返回家乡，工作于斯捷潘纳克特电厂，任钳工一职。1972—1974年，他服役于苏联军队。1975—1977年，他先后工作于莫斯科钢筋混凝土预制件厂、卡拉巴赫丝绸联合厂。科恰良于1980年被任命为斯捷潘纳克特生活服务联合公司团委书记，他的政治生涯也由此开始。在工作中，科恰良具有非常出色的组织与处事能力。仅仅经过一年的时间，便被委任为斯捷潘纳克

续表

版块	具体内容	说明
政体类型	领导人	特市的团委书记。1985 年，担任苏共斯捷潘纳克特市党委指导员一职，1985—1990 年，担任卡拉巴赫丝绸联合厂党委书记一职。1990 年，从苏联共产党退出后，科恰良任职于纳戈尔诺—卡拉巴赫市计划经济总局。1988 年开始，他便积极组织并参与到纳戈尔诺—卡拉巴赫脱离阿塞拜疆并入亚美尼亚的活动，并在这场运动中起到主要的领导组织作用。1988—1990 年，科恰良不负众望，被任命为亚美尼亚苏维埃社会主义共和国最高苏维埃代表，随后工作于议会经济问题常务委员会。1991 年，科恰良牵头组建纳戈尔诺—卡拉巴赫共和国首届议会。1992—1994 年，科恰良担任纳卡国家国防委员会主席一职；1994—1997 年，科恰良为“纳卡共和国”总统。1997 年，他从斯捷潘纳克特离开，前往埃里温，并在这里担任亚美尼亚共和国总理。随后，科恰良指出针对卡拉巴赫问题，前总统捷尔—彼得罗相在处理这一问题上没有坚持原则，对其他问题也并未能很好地履行职责。在反对派的多重压力下，捷尔—彼得罗相最终不得不辞去总统职位。接下来，亚美尼亚总统权力由科恰良代为履行。1998 年 3 月，亚美尼亚举行总统选举，科恰良在第二轮选举中获得了 59.3% 的选票，结合亚美尼亚宪法，得到简单多数的候选人作为国家元首。任期：1998 年 2 月 3 日—2008 年 4 月 9 日。 第三任总统，谢尔日·萨尔基相（亚美尼亚语：Սերժ Ազատի Սարգսյան），1954 年 6 月 30 日生于阿塞拜疆苏维埃社会主义共和国的纳哥诺卡拉巴克自治州。中学毕业后，萨尔基相便从这里离开，1971 年求学于埃里温国立大学。1975—1979 年，萨尔基相工作于某工厂，随后在纳戈尔诺—卡拉巴赫共青团担任核心职位。1990 年，萨尔基相成为亚美尼亚国民议会议员。在 1989—1993 年领导纳戈尔诺—卡拉巴赫共和国自卫队委员会，在 1990 年当选为亚美尼亚最高议会（即现在的亚美尼亚国民议会）的副议长。 1993—1995 年，萨尔基相担任亚美尼亚共和国国防部部长。1995 年 7 月任国家安全部部长，1996 年 11 月，萨尔基相被任命为国家安全部和内务部部长；随后于 1999 年 6 月，萨尔基相被任命为国家内务部长。2000 年 5 月，萨尔基相第二次被任命担任国防部长一职。6 年后，在 2006 年 7 月，萨尔基相当选为亚美尼亚共和党党议会主席。党议会主席一职被废除

续表

版块	具体内容	说明
政体类型	领导人	后，萨尔基相分别在2007年和2009年当选为党主席。此后，萨尔基相担任总统参谋长、国家安全部部长等核心职位。萨尔基相于2007年4月4日被时任总统罗伯特·科恰良任命为总理，2008年2月被选为总统，当时得票率是52.86%，随后萨尔基相多次受到贪腐与官商勾结指控。萨尔基相于2013年2月18日在大选中胜出，总统连任获得成功，任期一直持续到2018年4月9日。萨尔基相于2018年4月17日签署法令，任命新一届政府总理为谢尔日·萨尔基相。谢尔日·萨尔基相从2015年开始，便组织开展修宪公投，借助改革亚美尼亚宪法，新一届议会组成后亚美尼亚政体开始变更为议会制，实际上也从法律上认可了谢尔日·萨尔基相有长期执政的权限。卸任后其转任执掌实权的总理职位，触发民众4月12日持续开展了长达11天的示威活动。面对反对压力，谢尔日·萨尔基相于4月23日辞去总理职位。任期：2008年4月9日—2018年4月23日。 第四任总统，阿尔缅·萨尔基相（Armen Sarkissian，亚美尼亚语：Սերժ Ազատի Սարգսյան），1953年6月23日出生，亚美尼亚在1991年9月21日从苏联独立时其在剑桥大学担任教授。1991—1995年任亚美尼亚驻英国伦敦的大使。1996年11月4日至1997年3月20日担任亚美尼亚总理。阿尔缅·萨尔基相于2018年3月2日当选为总统，并且于4月9日正式宣誓就职，任期7年。同时为欧亚众议院国际（Eurasia House International）董事之一。 马尔加良于2007年4月4日因突发心脏病而离开人世，谢尔日·萨尔基相担任亚美尼亚总理一职。季格兰·萨尔基相于2008年4月担任亚美尼亚政府总理。2012年6月2日，再次出任政府总理。2014年4月3日，亚美尼亚政府总理季格兰·萨尔基相向总统谢尔日·萨尔基相递交辞呈。亚美尼亚总统谢尔日·萨尔基相2014年4月13日晚签署命令，任命奥维克·阿布拉米扬为政府总理。2016年9月，奥维克·阿布拉米扬因为人民对施政不满而宣布辞职，总统谢尔日·萨尔基相任命卡伦·卡拉佩特扬为新任总理。谢尔日·萨尔基相于2018年4月17日专门签署法令，任命新一届政府总理为谢尔日·萨尔基相。谢尔日·萨尔基相从2015年开始，便组织开展修宪公投，借助改革亚美尼亚宪法，新一届议会组成后亚美尼亚政体

续表

版块	具体内容	说明
政体类型	领导人	开始变更为议会制，实际上也从法律上认可了谢尔日·萨尔基相有长期执政的权限。卸任后其转任执掌实权的总理职位，触发民众2018年4月12日持续开展了长达11天的示威活动。面对反对压力，谢尔日·萨尔基相于4月23日辞去总理职位。2018年4月23日至2018年5月8日，卡伦·卡拉佩特扬代行总理职务。亚美尼亚议会于2018年5月8日进行总理选举，尼科尔·帕什尼扬以59票赞成、42票反对当选亚美尼亚新一届总理。随后，尼科尔·帕什尼扬于2018年10月16日发表电视讲话，指出将总理职务辞去，并倡导提前开展新一届议会选举。2019年1月14日，总统阿尔缅·萨尔基相签订法令，任命新任政府总理为尼科尔·帕什尼扬。
	政党	1. 政党制度类型 多党制。 2. 主要政党介绍 执政党“我的行动”联盟（My Step Alliance），一个由公民契约党（Civil Contract Party）、使命党（the Mission Party）和各种无党派代表形成的政治联盟。其主要政治主张为大帐篷（联盟）、自由民主、新自由主义、改革主义、平等主义等，政治立场为中间派。它成立于2018年8月，在2018年埃里温市议会选举之前。2018年3月31日，在“天鹅绒革命”开始时，尼科尔·帕什尼扬和一群支持者从亚美尼亚第二大城市久姆里开始游行。该活动名为“我的行动”，目的是阻止萨尔基相于4月17日当选总理。2018年9月23日，该联盟参加了2018年埃里温市议会选举并在埃里温市议会中赢得了65个席位。接着，该联盟参加了2018年亚美尼亚议会选举并在132个议会席位中赢得了88个席位，成为执政党。领导者：尼科尔·帕什尼扬。 亚美尼亚共和党，长期为亚美尼亚执政党。成立于1990年，也是亚美尼亚独立后首个完成注册登记的政党。亚美尼亚共和党目前拥有区域性组织数量为61个，基层党组织数量为922个，党员规模高达7万余人，以企业家、知识分子为主。亚美尼亚共和党倡导在保障国家及民族利益上能够联合各种政治及社会力量，改革优化国家政治体制，丰富健全多党制度，发展民主；在国内外加强亚族人之间的联合；助力国有经济实体及私有经济实体经营发展；增强和国际社会间的合作交流，增强国家国际影响力。领导者：谢尔

续表

版块	具体内容	说明
政体类型	政党	日·萨尔基相。 同时，亚美尼亚的主要政党还包括： （1）繁荣亚美尼亚党正式组建。该党的代表性主张包括：公正科学地协调处理社会问题；确保纳卡地区亚族人能够结合自身意愿履行民族自决权；加强国内民主建设；推进建设市民社会；崇尚并尊重人权和自由；对国家管理体系进行优化整合，杜绝腐败问题的出现。对外交往上，该党派强调：与俄罗斯之间构建并巩固战略盟友关系；增进和欧盟、美国之间的各领域合作；积极参与多边框架合作；维护与周边国家间的睦邻友好关系。领导者：加吉克·察鲁基扬。 （2）亚美尼亚革命联合会，组建于1890年，该党派以俄民粹主义为思想基础。1918—1920年，有过夺取政权的经历，当时筹建成立了亚美尼亚第一共和国。亚美尼亚革命联合会于1991年重新登记。不过，由于涉嫌参与到恐怖主义活动中，1995年7月到1998年2月，该党派遭到不得在此期间在亚美尼亚境内开展任何活动的惩处。现在，亚美尼亚革命联合会拥有大概7000人的党员人数，并且党员以青年知识分子为主。政治目标表现为建设一个独立、统一的亚美尼亚国家，同时还倡导纳卡和西亚美尼亚同亚美尼亚合并。在不断发展进程中，特别是在海外亚侨中，亚美尼亚革命联合会具有较高的影响力。领导者：戈朗特·马尔加良。 （3）法制国家党，该党派于1998年组建，倡导在以国家安全总体规划前提下确定国家政策；积极学习欧美发达国家社会经济管理经验；出台并制定国家公务员法，优化公务员制度体系建设；做好少数民族法立法工作，加大对少数民族利益的保障；外交层面提倡在全新世界格局中发挥亚美尼亚的作用。领导者：阿尔图尔·巴格达萨良。 （4）遗产党，该党派于2002年成立。倡导加强民主法制国家的建设，在维护国家基本利益前提下确定国家内外政策；增强民众生活质量。2007年5月，在亚美尼亚第四届国民会议中，遗产党通过选举并进入议会。领导者：拉菲·奥瓦尼相。
	政府架构	亚美尼亚现政府成员包括： 总理：尼科尔·帕什尼扬 副总理：季格兰·阿维尼扬

续表

版块	具体内容	说明
政体类型	政府架构	副总理：米戈尔·格里戈良 国防部长：大卫·托诺扬 外交部长：佐戈拉布·姆纳察卡尼扬 紧急状况部长：费利克斯·佐拉克扬 教育和科学部长：阿拉伊克·阿鲁秋尼杨 卫生部长：阿尔森·托洛相 司法部长：阿尔塔克·再伊纳良 国土管理和发展部长：苏伦·帕比克扬 环保部长：埃里克·格里戈良 交通通讯和信息技术部长：阿科甫·阿尔沙克扬 经济发展和投资部长：季格兰·哈恰特良 财政部长：阿托姆·江朱加兹扬 劳动和社会事务部长：扎鲁伊·巴托相
	国会/议会	国民会议是最高权力代表机构和最高立法机构，一院制。 1. 议员人数 亚美尼亚议会，即国民会议，是亚美尼亚最高立法部门。结合亚美尼亚新宪法规定，议会实行一院制，席位在101个以上，不过如果分配额外席位，特殊情形下能够增加到约200个，以5年为一个任命周期。选举中，当政党得票率在5%以上、政党联盟得票率在7%以上时，均有资格进入议会。同时，政党或政党联盟获得席位数超过50%时方可具有提名总理的权利。2018年选举共有132个席位。 2. 举行例会周期 国民会议常会应每年召开两次，从1月的第三个星期一到6月的第三个星期四和9月的第二个星期一，直到12月的第三个星期四。常会的第一届常会通常应于星期一至星期四召开，其他常会应于星期二至星期五每三周举行一次。每天的常规会议，从10：00到18：00，有四个主要会议。常规会议第一周的最后一个星期二的最后一个主要会议将以最后一个副主席的通知结束，并在回答最后一个副主席的问题后的最后一个主要会议结束。国民议会可以在18：30至20：00的常规会议期间决定召开一次额外的会议。特别会议的召开不能举行额外的会议。 2017年4月2日，举行了第六届亚美尼亚共和国国民会议选举。根据比例选举名单，议会选出了105名议员。第六届国民会议的任期于2019年1月14日

续表

版块	具体内容	说明
政体类型	国会/议会	第七届国民会议第一届会议开幕当天到期。在第六届议会期间，召开了四次常会和五次特别会议，18 次定期会议，18 次特别会议。在此期间，国民会议通过了 667 项法律，其中 39 项是“母亲”法律，569 项是对已经执行的法律的修正和增编，以及 59 项国际协定。通过的 38 项法律的作者是国会议员；629 项是政府撰写的。已通过 346 项决议，其中 303 项为地方性决议，11 项为规范性决议，32 项为个人决议。 3. 2008 年以来的议会首脑 议长分别为季格兰·托罗相（Tigran Torosyan，2006 年 6 月 1 日—2008 年 9 月 26 日）、赫拉伊尔·卡拉佩强（代理）（Hrayr Karapetyan，2008 年 9 月 26 日—2008 年 9 月 29 日）、奥维克·阿布拉米扬（Hovik Abrahamyan，2008 年 9 月 28 日—2011 年 11 月 21 日）、萨姆维尔·塔捷沃相（Samvel Nikoyan，2011 年 12 月 6 日—2012 年 5 月 31 日）、奥维克·阿布拉米扬（Hovik Abrahamyan，2012 年 5 月 31 日—2014 年 4 月 13 日）、加鲁斯特·萨阿克扬（Galust Sahakyan，2014 年 4 月 29 日—2017 年 5 月 18 日）、阿拉·巴布洛扬（Ara Babloyan，2017 年 5 月 18 日—2019 年 1 月 14 日）、阿拉拉特·米尔佐扬（Ararat Mirzoyan，2019 年 1 月 14 日至今）
	军事	1. 2008 年以来军队首脑简介 由总理担任武装力量总司令，为最高指挥，国防部负责政治领导，总参谋部负责亚美尼亚军队及其三个主要分支的作战指挥。 总理：卡伦·卡拉佩特扬（Karen Karapetyan，2016 年 9 月 13 日—2018 年 4 月 17 日）、谢尔日·萨尔基相（Serzh Sargsyan，2018 年 4 月 17 日—2018 年 4 月 23 日）、卡伦·卡拉佩特扬（Karen Karapetyan，2018 年 4 月 23 日—2018 年 5 月 8 日）、尼科·帕什尼扬（Nikol Pashinyan，2018 年 5 月 8 日至今） 国防部部长：米卡埃尔·阿鲁秋尼扬（Mikael Harutyunyan，2007 年 4 月 4 日—2008 年 4 月 14 日）、赛伦·奥尼安（Seyran Ohanyan，2008 年 4 月 14 日—2016 年 10 月 3 日）、维根·萨尔基相（Vigen Sargsyan，2016 年 10 月 3 日—2018 年 5 月 12 日）、大卫·托莫扬（David Tonoyan，2018 年 5 月 12 日至今） 总参谋长：赛伦·奥尼安（Seyran Ohanyan，2007 年 5 月 11 日—2008 年 4 月 14 日）、尤里·哈恰图罗

续表

版块	具体内容	说明
政体类型	军事	夫（Yuri Khatchaturov，2008 年 4 月 14 日—2016 年 9 月 3 日）、莫夫西斯·哈克布延（Movses Hakobyan，2016 年 9 月 3 日—2018 年 5 月 24 日）、阿塔克·达夫特扬（Artak Davtyan，2018 年 5 月 24 日至今） 2. 2008 年以来兵力概况 亚美尼亚国民军是独立后由当地苏联红军改组而来，1 月 28 日为建军节，1997 年 6 月通过《国防法》，尚未制定明确的军事战略和军事学说。2017 年 11 月 15 日，亚美尼亚议会通过了“On Defense”法律草案，该法案指出武装部队最高统帅为国家总理，武装部队由政府负责总领导，国防部对武装部队进行政治领导，总参谋长受托对武装部队开展直接管理，军队推行的是合同制、全民义务制共存的兵役制度。士兵服役期是 2 年，每年包括春季征兵、秋季征兵。军官以合同制方式完成服役，签订合同年限为 3 年，期满可以进行续签，也可结合自身意愿选择退役。士兵服役超过 20 年时，有领取退休金等福利待遇的权限。目前，亚美尼亚军队士兵总人数大概为 4.8 万，分为陆军、空军、防空军和边防军 4 个军种。 海军：亚美尼亚是一个内陆国家，没有海军。 陆军：亚美尼亚陆军是亚美尼亚武装部队最大分支，是负责该国陆上行动的地面部队。1992 年 1 月 28 日成立，现有 45850 人（包括 19950 名专业人员和 25900 名应征者）。 其野战部队包括 5 个军团及一个军级部队。第一军团包括一个独立的坦克营，一个独立的侦察营，两个机动步枪团；第二军团包括一个独立的坦克营，一个独立的侦察营，一个独立的步枪团，两个独立的摩托化步枪团，一个独立的炮兵营；第三军团包括一个独立的步枪团，一个独立的炮兵营，一个独立的坦克营，一个独立的侦察营，一个独立的火箭炮营，4 个独立的机动步枪团，一个维修营，一个信号营；第四军团包括 4 个独立的机动步枪团，一个独立的自行火炮营，一个信号营；第五军团包括 2 个设防的区域，一个独立的电机步兵团，一个独立步兵团；军级部队包括一个航空和防空联合司令部，一个培训摩托化步枪旅，一个特种部队团，一个炮兵团，一个自行火炮团，一个反坦克团，一个带排雷中心的工兵团，一个地对空导弹旅，2 个地对空导弹团，一个无线电技术（雷达）团。亚美尼亚教会的陆军牧师计划由 50 多名神职人员组成，担任亚美尼亚武装部队的军事牧师。他们组织在军事上各种宗教的程序，包括发表演讲并

续表

版块	具体内容	说明
政体类型	军事	为军人祈祷。亚美尼亚军队的特种部队包括一支标准的陆军特种部队和3个以上的侦察营。 空军：现有3500名在职人员。亚美尼亚空军成立于1992年8月，主要任务是向亚美尼亚地面部队提供地面攻击和山区空运的战术空中支援。它在1992—1994年同阿塞拜疆在纳戈尔诺—卡拉巴赫地区的战斗中提供了有效的支助。它目前缺乏空中优势战斗机，但根据军事合作条约，防空系统由俄罗斯空军的米格—29提供。关于亚美尼亚空军组织的公开信息很少。2004年空军由4个功能部队组成：第121地面攻击航空中队、第15混合航空团、一个贵宾运输单位和第60航空训练中队。由于一系列国防合作条约——始于独立国家联合体（独联体）1992年“塔什干”集体安全条约（CST）（2002年扩大为集体安全条约）和俄罗斯—亚美尼亚1997年8月29日签署的合作与互助协定，亚美尼亚和俄罗斯的空防和空防部队紧密结合在一起。特别是1997年的友好条约规定，对任何一方发动军事威胁都会提供相互援助——这比集体安全条约组织的安全协定更进一步——并且还允许俄罗斯边防警卫与土耳其和伊朗一起巡逻亚美尼亚的边界。亚美尼亚经常参加与俄罗斯军队的双边军事演习，南高加索部队和亚美尼亚空军也参加了CSTO的年度防空演习。 亚美尼亚防空部队是亚美尼亚空军和防空联合部队的一部分，由一个防空导弹旅和两个团组成，装备有100枚导弹发射器，大部分是苏联制造的，现在是俄罗斯制造的。 边防军：是亚美尼亚武装部队的一个重要分支，旨在保护国家边境安全。边防警卫和驻扎在亚美尼亚的俄罗斯军事特遣队合作，总部设在久姆里的第102军事基地。边防卫队于1992年1月28日成立时最初隶属于国防部，但在2004年被转移到国家安全和内政部的管辖范围内。 3. 军费开支（现美元） GDP 4.946%（2019年），6.73亿美元 GDP 4.897%（2018年），6.09亿美元 GDP 3.850%（2017年），4.44亿美元 GDP 4.090%（2016年），4.31亿美元 GDP 4.239%（2015年），4.47亿美元 GDP 3.943%（2014年），4.58亿美元

续表

<table>
<tr><th>版块</th><th>具体内容</th><th>说明</th></tr>
<tr><td>政体类型</td><td>军事</td><td>GDP 3.997%（2013 年），4.45 亿美元
GDP 3.821%（2012 年），3.80 亿美元
来源：世界银行</td></tr>
<tr><td rowspan="2">经济概况</td><td>GDP</td><td>1. 2008 年以来的 GDP（美元）
2021 年 138.61 亿
2020 年 126.41 亿
2019 年 136.73 亿
2018 年 124.58 亿
2017 年 115.27 亿
2016 年 105.46 亿
2015 年 105.53 亿
2014 年 116.10 亿
2013 年 111.21 亿
2012 年 106.19 亿
2011 年 101.42 亿
2010 年 92.60 亿
2009 年 86.48 亿
2008 年 116.62 亿

2. 2008 年以来的 GDP 增长率（美元）
2021 年 5.7%
2020 年 -7.2%
2019 年 7.6%
2018 年 5.2%
2017 年 7.5%
2016 年 0.2%
2015 年 3.2%
2014 年 3.6%
2013 年 3.3%
2012 年 7.19%
2011 年 4.7%
2010 年 2.2%
2009 年 -14.15%
2008 年 6.9%
来源：世界银行</td></tr>
<tr><td>对外贸易</td><td>1. 2008 年以来该国与世界的进出口额
（1）亚美尼亚统计局出口额数据（美元）
2020 年 25.44 亿
2019 年 26.49 亿
2018 年 24.12 亿
2017 年 22.38 亿
2016 年 17.92 亿</td></tr>
</table>

续表

版块	具体内容	说明
经济概况	对外贸易	2015 年 14.85 亿 2014 年 15.47 亿 2013 年 14.79 亿 2012 年 13.80 亿 2011 年 13.34 亿 2010 年 10.41 亿 2009 年 7.10 亿 2008 年 10.57 亿 （2）联合国贸易和发展会议统计出口额数据（美元） 2019 年 26.12 亿 2018 年 23.83 亿 2017 年 21.45 亿 2016 年 18.08 亿 2015 年 14.83 亿 2014 年 14.90 亿 2013 年 14.68 亿 2012 年 14.28 亿 2011 年 13.20 亿 2010 年 10.11 亿 2009 年 6.84 亿 2008 年 10.55 亿 （3）出口额：商品贸易 2016 年 18.91 亿 2015 年 16.24 亿 2014 年 16.98 亿 2013 年 16.36 亿 2012 年 15.16 亿 2011 年 14.32 亿 2010 年 11.97 亿 2009 年 7.74 亿 2008 年 11.06 亿 （4）出口额：服务贸易 2016 年 16.10 亿 2015 年 15.12 亿 2014 年 16.20 亿 2013 年 15.19 亿 2012 年 14.02 亿 2011 年 13.11 亿 2010 年 10.13 亿 2009 年 7.86 亿 2008 年 8.37 亿

续表

版块	具体内容	说明
经济概况	对外贸易	（5）亚美尼亚统计局进口额数据（美元） 2020 年 45.59 亿 2019 年 55.38 亿 2018 年 49.76 亿 2017 年 40.97 亿 2016 年 32.74 亿 2015 年 32.39 亿 2014 年 44.24 亿 2013 年 43.86 亿 2012 年 42.61 亿 2011 年 41.45 亿 2010 年 37.49 亿 2009 年 33.21 亿 2008 年 44.26 亿 （6）联合国贸易和发展会议统计进口额数据（美元） 2019 年 50.53 亿 2018 年 48.50 亿 2017 年 38.93 亿 2016 年 32.18 亿 2015 年 32.57 亿 2014 年 41.60 亿 2013 年 42.56 亿 2012 年 42.67 亿 2011 年 41.09 亿 2010 年 37.82 亿 2009 年 31.75 亿 2008 年 41.01 亿 （7）进口额：商品贸易 2016 年 28.35 亿 2015 年 28.10 亿 2014 年 37.54 亿 2013 年 38.32 亿 2012 年 36.28 亿 2011 年 35.41 亿 2010 年 32.63 亿 2009 年 28.64 亿 2008 年 39.23 亿 （8）进口额：服务贸易 2016 年 16.81 亿 2015 年 16.08 亿

续表

版块	具体内容	说明
经济概况	对外贸易	2014 年 17.34 亿 2013 年 16.44 亿 2012 年 15.04 亿 2011 年 13.76 亿 2010 年 12.74 亿 2009 年 10.62 亿 2008 年 11.48 亿 （9）市场分布 进口：俄罗斯 29.13%，中国 9.71%，德国 6.20%，伊朗 6.09%，意大利 4.56%，土耳其 4.21%，乌克兰 3.83%，美国 3.33%，日本 1.77%，瑞士 1.59%。（2015 年） 出口：俄罗斯 15.19%，中国 11.12%，德国 9.76%，格鲁吉亚 7.81%，加拿大 7.55%，保加利亚 5.31%，伊朗 5.25%，美国 3.67%，比利时 3.20%，荷兰 3.18%。（2015 年） 2017 年亚美尼亚主要贸易区域依然是独联体、欧盟、亚洲和北美。前五大贸易伙伴国分别是俄罗斯、中国、瑞士、德国和保加利亚，与这 5 个国家的贸易额占其贸易总额的 50% 以上。前五大出口市场为俄罗斯、保加利亚、瑞士、格鲁吉亚和德国，前五大进口市场为俄罗斯、格鲁吉亚、阿联酋、中国和瑞士。 2019 年 1—5 月，亚美尼亚对外贸易总额约为 28.51 亿美元，与上年同期相比，降幅为 2.6%。出口规模总共为 9.61 亿美元，降幅高达 0.9%；进口规模总共为 18.9 亿美元，降幅高达 3.4%。贸易逆差为 9.3 亿美元。与独联体国家贸易额为 8.58 亿美元，下降 0.6%；与欧亚经济联盟国家贸易额为 7.79 亿美元，增长 0.7%；与欧盟国家贸易额为 6.21 亿美元，下降 16.4%；与中国贸易额为 3.48 亿美元，实现 22.2% 的增幅。相应的，对华实现 6975 万美元出口，增幅为 67.8%；对华进口规模为 2.78 亿美元，增幅为 14.5%。 3. 进（出）口的主要商品或服务的种类 出口（2012 年）：交通服务（占商业服务出口 12.63%）；旅行服务（占商业服务出口 59.43%）；计算机、通信和其他服务（占商业服务出口 26.36%）；制造业（占商品出口 22.11%）；燃料（占商品出口 7.93%）；矿石和金属（占商品出口 42.82%）；食品（占商品出口 25.92%）。

续表

版块	具体内容	说明
经济概况	对外贸易	进口（2012年）：交通服务（占商业服务进口31.99%）；旅行服务（占商业服务进口54.28%）；计算机、通信和其他服务（占商业服务进口9.31%）；制造业（占商品进口51.38%）；燃料（占商品进口21.62%）；矿石和金属（占商品进口2.97%）；食品（占商品进口19.04%）。 2016年出口产品主要有：矿产品2.18亿美元，下降11.1%；食品1.80亿美元，增长35.5%；贵金属、宝石、半宝石及其制品约1.66亿美元，增长83.3%；进口产品主要有：矿产品2.79亿美元，下降6%；汽车、机械设备1.96亿美元，增长2.9%；食品1.6亿美元，增长14.4%。 2017年亚美尼亚出口居前5位的商品分别是矿产品（69227万美元），食品（53126万美元），宝石及半宝石（28959万美元），贱金属及其制品（27749万美元）和纺织品（13064万美元）；进口居前五位的商品分别是矿产品（64777万美元）、化工产品（41991万美元）、食品（37817万美元）、贱金属及其制品（29645万美元）和纺织品（27058万美元）。 2018年亚美尼亚出口细分产品类别：初级产品（14.69亿美元），矿石、金属、宝石和非货币黄金（10.57亿美元），非食用原料（不包括燃料）（6.85亿美元），按投入划分的制造品（6.51亿美元），制成品（其他制成品）（5.61亿美元），饮料及烟草（4.48亿美元），主要按原料分类的制成品（4.15亿美元）。2018年亚美尼亚进口细分产品类别：初级产品（14.67亿美元），机械及运输设备（12.10亿美元），“按投入划分的制造品：中端技术密集型”（11.07亿美元），主要按原料分类的制成品（9.23亿美元），“按投入划分的制造品：高端技术密集型”（9.07亿美元），矿物燃料、润滑油及有关原料（5.59亿美元）。 2019年亚美尼亚出口细分产品类别：初级产品（16.94亿美元），矿石、金属、宝石和非货币黄金（12.41亿美元），非食用原料（不包括燃料）（8.81亿美元），按投入划分的制造品（6.28亿美元），制成品（其他制成品）（5.24亿美元），饮料及烟草（5.14亿美元），主要按原料分类的制成品（3.57亿美元）。2019年亚美尼亚进口细分产品类别：初级产品（17.19亿美元），机械及运输设备（13.48亿美元），“按投入划分的制造品：中端技术密集型”（11.99亿美元），主要按原料分类的制成品（9.86亿

续表

版块	具体内容	说明
经济概况	对外贸易	美元），“按投入划分的制造品：高端技术密集型”（9.62 亿美元），矿物燃料、润滑油及有关原料（6.57 亿美元）。 来源：联合国贸易和发展会议 4. 中国—亚美尼亚双边贸易 从 2009 年开始，中国成为亚美尼亚第二大贸易伙伴。结合中国海关数据，2017 年全年，两国总共实现 4.36 亿美元贸易额，与 2016 年相比，增幅为 12.4%。这里，中国对亚实现 1.41 亿美元出口规模，与 2016 年相比，增幅 24.91%；自亚进口规模总共为 2.94 亿美元，与 2016 年相比，增幅为 7.23%。 另据中国海关数据，2019 年前 5 月，两国总共实现 2.72 亿美元贸易额，与同期相比，增幅为 72.15%。其中，中国对亚出口 7922 万美元，增长 3.66%；自亚进口 1.92 亿美元，增长 136.52%。对亚主要出口商品包括：锅炉、机械器具 2349 万美元，下降 10.78%，占比 29.66%；电机、电气、音像设备 1430 万美元，下降 41.72%，占比 18.05%。自亚主要进口商品为：矿砂、矿渣及矿灰 1.85 亿美元，增长 144.18%，占比 96.52%；非针织或非钩编的服装 509 万美元，增长 15.58%，占比 2.65%。
	FDI	1. 2008 年以来外国对该国的 FDI（美元） 外国直接投资净流入 2019 年 2.54 亿 2018 年 2.54 亿 2017 年 2.46 亿 2016 年 3.38 亿 2015 年 1.78 亿 2014 年 4.04 亿 2013 年 3.46 亿 2012 年 4.97 亿 2011 年 6.53 亿 2010 年 5.29 亿 2009 年 7.60 亿 2008 年 9.44 亿 2018 年流入亚美尼亚的外国直接投资增加到 2.54 亿美元，与 2017 年相比有所增加。政治不稳定可以作为此前下降趋势的直接原因。俄罗斯、希腊、塞浦路斯和德国是亚美尼亚的四大投资国，亚美尼亚侨民（近 600 万人）也进行了大量投资。主要的外国直接投资部门包括能源、电信、冶金、酒店服务和航空运输。

续表

版块	具体内容	说明
经济概况	FDI	2. 2008 年以来该国对外国的 FDI（美元） 2016 年 0. 571 亿 2015 年 0. 169 亿 2014 年 0. 163 亿 2013 年 0. 267 亿 2012 年 0. 159 亿 2011 年 2. 160 亿 2010 年 0. 083 亿 2009 年 0. 502 亿 2008 年 0. 187 亿
	产业结构	2018 年工业、农业和服务业占比分别为 29%、14. 84% 和 29. 84%。其中，工业产值 17377 亿德拉姆（约合 36 亿美元），同比增长 4. 3%；农业产值 8897 亿德拉姆（约合 18. 4 亿美元），同比下降 7. 6%；服务业产值 17648 亿德拉姆（约合 37 亿美元），同比增长 18. 8%。 【工业】亚美尼亚工业占 GDP 的百分比为： 2015 年为 16. 3%；2016 年为 17. 9%；2017 年为 18. 5%；2018 年为 18. 1%；2019 年为 18. 1%。 工业产值为： 2015 年为 14990 亿德拉姆；2016 年为 15734 亿德拉姆；2017 年为 18348 亿德拉姆；2018 年为 19375 亿德拉姆；2019 年为 20915 亿德拉姆。 不同产业在工业中的占比为： 采矿业 2015 年 14. 7% 2016 年 16. 3% 2017 年 18. 6% 2018 年 15. 5% 2019 年 17. 1% 制造业 2015 年 66. 4% 2016 年 65. 4% 2017 年 65. 9% 2018 年 69. 8% 2019 年 69. 6% 电、气、蒸汽和空调供应（电力工业） 2015 年 17. 5% 2016 年 16. 9% 2017 年 14. 1% 2018 年 13. 4%

续表

版块	具体内容	说明
经济概况	产业结构	2019 年 12.1% 供水、排污、废物管理和再利用活动 2015 年 1.4% 2016 年 1.4% 2017 年 1.4% 2018 年 1.3% 2019 年 1.2% 来源：亚美尼亚国家统计局 2018 年，亚美尼亚工业产值为 17377 亿德拉姆（约合 36 亿美元），同比增长 4.3%。全年采矿业产值为 3007.5 亿德拉姆，同比下降 14%，占同期工业总产值的 17.3%。制造业产值 11522.8 亿德拉姆，同比增长 10%，占工业总产值的 66.3%。其中，产值较高的行业有纺织服装、非金属加工、食品加工和机械制造等产业。电力工业产值 2128.8 亿德拉姆，同比增长 6.5%，占同期工业总产值 12.3%。截至 2018 年年底，亚美尼亚共有工业企业 5771 家，其中 9 人以下微型企业 5004 家，10—49 人小型企业 596 家，50—249 人中型企业 128 家，250 人以上大型企业 43 家。 【农业】亚美尼亚农业用地 2019 年为 20442 平方公里，其中可耕地（arable land）占比 21.8%，多年生草的土地占比 1.8%，耕地（plough-land）占比 5.9%，牧场占比 51.4%；其他占比 19.1%；2019 年可耕地为 4448 平方千米，耕地为 1211 平方千米。 2019 年农业总产值为 8533 亿德拉姆，种植业产值为 4109 亿德拉姆，畜牧业产值为 4424 亿德拉姆。 亚美尼亚属高原国家，全国平均海拔 1800 米，山多地少，农业欠发达。2018 年年底，亚美尼亚粮食自给率从 2010 年的 33% 提升至 64%，但仍需大量进口农产品。 2018 年，种植业产值 4118 亿德拉姆（约合 8.5 亿美元），同比下降 12.1%；畜牧业产值 4780 亿德拉姆（约合 9.9 亿美元），同比增长 0.9%；渔业收入 367 亿德拉姆，同比增长 1.1%；林业规模很小，产值 1.44 亿德拉姆，同比增长 17.5%。目前，亚美尼亚从事农业生产的企业共有 59575 家。其中 9 人以下微型企业 55921 家，10—49 人小型企业 3031 家，50—249 人中型企业 515 家，250 人以上大型企业 108 家。 【旅游业】旅游业是亚美尼亚政府优先发展的产业，2018 年入境游客为 165 万人次，同比增长 10.5%，出境游客 162 万人次，同比增长 9.5%。政府大力发展宗教旅游、体育旅游、健康旅游等多种旅游项目，争取在 3 年内使入境旅游人数达到 300 万人次。

续表

版块	具体内容	说明
经济概况	产业结构	【建筑业】长期以来，建筑业一直是亚美尼亚的支柱产业，占 GDP 的比重平均在 20% 左右。但自 2009 年国际金融危机以来，亚美尼亚的建筑业急剧下滑，严重拖累经济发展。2018 年建筑业产值为 4223 亿德拉姆（约合 8.74 亿美元），同比增长 4.5%。 【服务业】2018 年亚美尼亚服务贸易额为 17648 亿德拉姆（约合 37 亿美元），同比增长 18.8%，其中餐饮、文化休闲、不动产、航空运输、旅游及银行业务等行业增长较快。 从 GDP 增加值层面上，2012 年到 2016 年，该国第一、第二产业产值占比从最初的 51.3% 下降到 45.3%，而第三产业产值占比从最初的 48.7% 增加到 54.7%。在不关注不同产业税收负担情况下，2012—2016 年该国农林渔业产出比重的降幅为 2.3%，工业实现 0.6% 的增幅，建筑业出现了 3.3% 的降幅。相应的，在经济发展中，服务业占比增幅比较显著，在很大程度上与产业轻型化紧密相关。不过，批发零售、维修服务业却出现了 1.7% 的降幅，交通运输、信息通信业出现了 0.8% 的降幅，能够得到该国物质生产部门整体产出水平呈现出下滑的状态。结合包含净产品税的产业构成分析，该国经济结构发展具有显著的逆工业化和轻型化发展趋势。尤其是该国包括采矿业、农业在内的不同物质生产部门这些年发展日渐低迷，税收贡献度也呈现出下滑状态。2012—2016 年，在 GDP 占比中，该国农业产出出现了 1.9% 的降幅，建筑业出现了 3.7% 的降幅，加工工业出现了 0.2% 的降幅，这也表明本国经济发展成长乏力。 受到物质生产部门发展低迷的影响，使得其他生产性服务业也相继出现萎缩现象，包括工程设计、信息与通信服务、商品批发零售等，这些部门在 GDP 中的占比不断下滑，非生产性服务业产出占比不断增加。
	接受外来援助	1. 主要援助国 欧盟机构：110830000 美元 法国：81860000 美元 俄罗斯：47000000 美元 德国：27590000 美元 美国：25080000 美元 英国：590000 美元 瑞典：600000 美元 西班牙：520000 美元 意大利：590000 美元

续表

<table>
<tr><th>版块</th><th>具体内容</th><th>说明</th></tr>
<tr><td rowspan="2">经济概况</td><td>接受外来援助</td><td>丹麦：1820000 美元
捷克：410000 美元
奥地利：1700000 美元
援助亚美尼亚的机构有联合国开发计划署、国际货币基金组织、欧盟、世界银行、亚洲开发银行、欧洲复兴开发银行、欧洲投资银行等。
援助亚美尼亚的国家主要有美国、日本、德国、俄罗斯和法国。

2. 2008 年以来收到的援助金额
已收到的净官方发展援助和官方援助
2016 年 326760000 美元
2015 年 347480000 美元
2014 年 267430000 美元
2013 年 280360000 美元
2012 年 270560000 美元
2011 年 395500000 美元
2010 年 342580000 美元
2009 年 525610000 美元
2008 年 304430000 美元
2017 年，亚美尼亚接受人道主义物资援助 4364 吨，共计 1 亿美元，主要援助国家有美国、瑞士、中国、德国等国家。2017 年 7 月，美国批准将对亚美尼亚的援助从 2016 年的 2040 万美元减少到 2018 年的 620 万美元。

3. 主要援助领域
各援助机构及国家对亚美尼亚的援助重点为：关注民生、削减政府预算赤字、基础设施、卫生和教育领域的发展，重视中小企业发展和政府能力建设等。援助形式有无偿援助和优惠贷款等。</td></tr>
<tr><td>与中国合作的项目（包括中资、中外合资等）</td><td>【承包劳务】结合中国商务部公布数据，2017 年，中国企业在亚美尼亚总共有 3 份新签承保工程合同，涉及金额高达 3.13 亿美元；同时，中方总共派出 376 人劳务人员，年底在亚工作人员总共为 240 人。新签大型工程承包项目包括中信建设有限责任公司承建亚美尼亚年产 10 万吨阴极铜冶炼厂项目；青建集团股份公司承建中国驻亚美尼亚使馆馆舍新建工程等。
从工程承包领域上看，中方企业主要集中在公路、通信、电站等方面，为 EPC 承保项目。这些项目多数为世行、亚行等国际金融机构或亚政府贷款项目。亚美尼亚根据项目的性质、模式、业主、贷款渠道、标</td></tr>
</table>

续表

<table>
<tr><th>版块</th><th>具体内容</th><th>说明</th></tr>
<tr><td rowspan="3">经济概况</td><td>与中国合作的项目（包括中资、中外合资等）</td><td>书执行不同的工程质量标准及验收、免责等规定。在严格按照当地强制性要求开展工作的基础上，还应该关注其他国际标准。
在亚美尼亚，中国标准只适合用在由中国企业开展的援外项目工程，或者结合相关主体约定明确的中国援外项目工程实施标准。
亚美尼亚尚无中国企业投资开发的境外合作园区。
亚美尼亚中资企业：
1. 华为科技公司
2. 中兴通讯公司
3. 中国水电建设集团国际工程公司
4. 西安西电国际工程有限责任公司
5. 方恩医药发展有限公司
6. 辽宁易发式电气设备有限公司
7. 新义达公司
8. ASA Garment 有限公司（金诺制衣有限公司）
9. 南通三建集团
南通三建承建的援亚美尼亚中文学校项目进展顺利。中国电建国际承建的北—南公路第三标段项目于 2016 年 6 月开工。西电国际和辽宁易发式公司的 4 个电站改造项目稳步推进。华为和中兴主要从事通信设备销售和服务。</td></tr>
<tr><td>外国游客赴该国旅游的情况</td><td>1. 2008 年以来每年外来游客的人数
2008 年：558000
2009 年：575000
2010 年：684000
2011 年：758000
2012 年：963000
2013 年：1084000
2014 年：1204000
2015 年：1192000
2016 年：1260000
2017 年：1490000
2018 年：1650000
2. 2016、2017 年外来游客的国别构成
欧盟国家（2016 年占 25.8%；2017 年占 21.3%）
俄罗斯（2016 年占 21.7%；2017 年占 20.3%）
伊朗（2016 年占 17.0%；2017 年占 14.2%）
美国（2016 年占 9.6%；2017 年占 13.6%）</td></tr>
<tr><td>货币金融</td><td>1. 货币
德拉姆（AMD）
亚美尼亚于 1993 年 11 月 22 日零时起在境内正式</td></tr>
</table>

续表

版块	具体内容	说明
经济概况	货币金融	使用货币德拉姆。 自 2014 年 11 月起，受国际石油价格暴跌和俄罗斯卢布大幅贬值的连带影响，德拉姆持续贬值。2014 年 1 美元兑德拉姆平均汇率为 415.92，2015 年为 477.92，2016 年为 480.5，2017 年为 482.72，2018 年为 483。 汇率： 1 人民币≈69.12 德拉姆（2022 年 7 月） 1 美元≈476.41 德拉姆（2022 年 7 月） 1 人民币≈77.35 德拉姆（2022 年 6 月） 1 美元≈496.33 德拉姆（2022 年 6 月） 2. 央行制度 亚美尼亚共和国 1991 年 9 月 21 日宣布独立（23 日对外正式宣布），1992 年 1 月开始重建国家金融系统，1993 年 11 月 22 日开始发行使用自己本国货币德拉姆。现在，亚美尼亚货币德拉姆保持基本稳定并渐趋坚挺，金融体制比较健全，银行系统运转正常。 1991 年独立后，亚美尼亚仍由境内原苏联国家银行承担其国家银行的职能。1993 年 3 月 27 日，亚美尼亚通过《亚美尼亚共和国中央银行法》，将国家银行更名为“亚美尼亚共和国中央银行”，其主要职能是：编制法律法规；健全金融机构运行体系；出台有关规章及命令；严格贯彻执行货币政策；对包括同业拆借市场、债券市场在内的银行间市场进行管理；避免出现各种系统性风险，营造稳定安全的金融发展环境。亚美尼亚目前总共拥有商业银行 20 余家，全外资银行或有外资股份的银行高达 21 家，外资在亚美尼亚商业银行的注册资本金中的比例超过 62%。 中国金融机构在亚美尼亚没有分支机构。 3. 通货膨胀率（2008 年以来） 2019 年 1.44% 2018 年 2.5% 2017 年 1% 2016 年 -1.27% 2015 年 3.73% 2014 年 2.98% 2013 年 5.79% 2012 年 2.56% 2011 年 7.65% 2010 年 8.18% 2009 年 3.41%

续表

版块	具体内容	说明
经济概况	货币金融	2008 年 8.95% 4. 汇率制度 2004 年 11 月 24 日，亚美尼亚通过《外汇调节与外汇监管法》。该法规定，国家不对外汇进行国家管制，外汇可自由兑换。在亚美尼亚注册的企业和法人机构可在亚美尼亚银行开设外汇账户，但要求需通过银行进行对外贸易结算付汇。企业税后利润可自由汇出，个人可以随身携带 1 万美元或等值的其他外汇出境，超过此限额需出具银行水单，个人可携带 1.5 万欧元或等值其他外汇入境，带入外汇不受限制。
	与中国的经济协议	1992 年，中国与亚美尼亚签署《鼓励和相互保护投资协定》。 1997 年，中国与亚美尼亚签署《关于对所得税和财产避免双重征税和防止偷税、漏税的协定》。 中国与亚美尼亚签署的其他协定： 1992 年，中国与亚美尼亚签署《政府间经济贸易协定》。1992 年 7 月 4 日至 2011 年 4 月 12 日，两国还先后签订了《科技合作协议》《计量、标准与品质证书管理合作协议》及多个《经济技术合作协议》。 2016 年 6 月，双方签署了《关于开展产能合作的谅解备忘录》。其中指出，彼此以“企业主体、市场运作”为原则，制定中亚双方产能合作规划，指导助力企业做好产能合作。 2019 年 5 月，国务委员兼外交部长王毅访问亚美尼亚期间，中国海关总署和亚美尼亚农业部签署《关于输华蜂蜜检验检疫和卫生要求议定书》，为亚美尼亚蜂蜜进入中国市场打开了大门。议定书内容共十六条，对亚美尼亚输华蜂蜜的加工企业、生产环境和生产过程、检验检疫、包装、运输等做了详细规定，并明确中国海关总署为中方主管机构，亚美尼亚农业部为亚方主管机构，亚方负责输华蜂蜜的检验检疫工作，并出具卫生证书。
社会文化	宗教	301 年，亚美尼亚在全球范围内成为首个以基督教为国教的国家。在全部亚美尼亚人中，有 94% 的人口信仰基督教。亚美尼亚基督教归为“格里高利”教派，提倡并推崇基督一性论。亚美尼亚国家独立后，在全国范围内推崇宗教自由制度和政教分离政策，不对宗教活动进行干预，前提是宗教不得出现违宪的情形。

续表

版块	具体内容	说明
社会文化	民族	亚美尼亚民族数量众多，在该国人口中，约96%为亚美尼亚族。其他少数民族主要包括雅兹迪族、俄罗斯族、亚述族、希腊族等。
	语言	亚美尼亚官方语言为亚美尼亚语。考虑到之前有一段时间属于苏联，因此俄语在当地也非常普遍，作为亚美尼亚第二语言而存在。
	华人华侨在该国的情况	亚美尼亚人在古丝绸之路上扮演着重要角色，曾带领罗马人东行寻求中国的财宝。中国与亚美尼亚建交于1992年，中国也是最早承认亚美尼亚独立的国家之一。在亚美尼亚生活的中国人具体数字不详，估计亚美尼亚华侨华人的数量不超过1万人，分布在首都埃里温及附近地区，主要受雇于中国在亚企业，或从事通信、日用品零售、中餐馆等行业，并在基础设施建设等领域作出突出贡献。中国企业和华侨华人通过亚美尼亚打开中东和独联体各国家的市场。
	大学与智库	（1）埃里温国立大学，是亚美尼亚首都埃里温市的一所大学。埃里温国立大学是亚美尼亚规模最大的大学，拥有150个系，教职工3150人。该校创建于1919年5月16日。 （2）埃里温布留索夫国立语言大学，是亚美尼亚首都埃里温的一所公立大学，自1935年开始运营。1962年，它以俄罗斯诗人兼历史学家瓦列里·布留索夫命名。该大学培养的毕业生是俄语、英语、法语、德语和许多其他语言，实践心理学、历史、政治学、地区研究和其他人文科学的专家。 （3）亚美尼亚国家科学院，是亚美尼亚政府直属的科学研究机构。亚美尼亚国家科学院的前身是成立于1935年的苏联科学院于亚美尼亚的分支。苏联解体之后于1993年改为现在的名称。
	媒体	亚美尼亚拥有新闻机构总共1008家，其中有596家为报刊，有148家为杂志，有186家为电视公司，有53家为广播公司，有25家为通讯社。 【电视】亚美尼亚目前拥有电视公司为186家，亚美尼亚国家公共电视台在当地最具有影响力，官方播出语言为亚美尼亚语。

续表

版块	具体内容	说明
对外关系	媒体	【报刊】亚美尼亚有报刊596家，杂志148家。主要有：《共和国报》，亚文、俄文双语报，创刊于1990年，发行量3500份；《亚美尼亚之声》，俄文报，创刊于1991年，独立报纸，发行量3500份；《叶尔基尔》，亚文报，创刊于1991年，达什纳克楚琼党机关报；《阿兹格》，亚文报，创刊于1991年，自由民主党机关报。 【通讯社】亚美尼亚有25家通讯社，主要有：亚通社，1920年成立，国营；亚美尼亚信息社，2001年成立，私营；诺扬—塔潘通讯社；等等。 【电台】亚美尼亚广播公司有53家，主要有：亚美尼亚公共广播电台，国营，1926年建台，用亚美尼亚语、土耳其语、法语等语言播音。
	与中国关系	亚美尼亚和中国之间交往历史非常悠久。从2000年前起，古代“丝绸之路”便将中亚两国联系了起来。亚美尼亚独立后，中国也是在第一时间对亚美尼亚的独立表示承认，并于1992年4月6日和亚美尼亚建立外交关系。同时，亚美尼亚也始终关心并关注发展与中国的关系，北京奥运会时，亚美尼亚时任总统萨尔基相亲自参加；2010年上海世博会期间，萨尔基相再次前往中国，两国间友好合作关系不断深化。萨尔基相总统于2015年3月再次访华，与习近平主席开展会谈，双方签订了《中华人民共和国与亚美尼亚共和国关于进一步发展和深化友好合作关系的联合声明》。随后，在两国元首的共同见证下，双方在教育、金融、执法、旅游等不同领域还签署了一系列合作文件。另外，时任亚美尼亚总理阿布拉米扬于2015年9月访问中国，得到李克强总理的接见，双方对彼此关心的问题表达了各自的看法。习近平主席特使孟建柱于2016年5月访问亚美尼亚并与萨尔基相总统开展交流。6月，国务院副总理张高丽对亚美尼亚进行访问，并与萨尔基相总统、阿布拉米扬总理进行座谈交流。2019年5月4日，习近平主席在人民大会堂接见来访的亚美尼亚总理帕什尼扬。总之，中国与亚美尼亚之间频繁的高层往来，将中亚合作关系上升到了一个全新的层面上，在南高加索地区中，亚美尼亚业已成为中国的一个主要合作伙伴。在今后的发展中，彼此合作必将会朝着纵深方向发展。
	领导人外访（中国除外）	2019年5月16日，正在哈萨克斯坦共和国进行工作访问的总统阿尔缅·萨尔基相会见了哈萨克斯坦总统托卡耶夫。亚美尼亚总统和哈萨克斯坦总统提及两国在双边层面以及欧亚经济区和集体安全条约组织

续表

<table>
<tr><th>版块</th><th>具体内容</th><th>说明</th></tr>
<tr><td rowspan="2">对外关系</td><td>领导人外访（中国除外）</td><td>框架内合作的有关问题。双方强调深化经贸、人文、人文等领域合作的重要性。同日，阿尔缅·萨尔基相在阿斯塔内会见了格鲁吉亚总理巴赫塔泽。亚美尼亚总统与格鲁吉亚总理就亚美尼亚—格鲁吉亚双边关系议程交换了意见，强调进一步深化有效合作的重要性。双方一致认为，两国在能源、旅游、文化等领域具有广阔的发展潜力，必须努力使两国友好合作不断深化、互利共赢。
2018 年 12 月，阿尔缅·萨尔基相总统率领的官方代表团抵达格鲁吉亚，参加格鲁吉亚新当选总统苏拉比什维利的宣誓仪式。访问期间，亚美尼亚总统与格鲁吉亚最高领导人和与会嘉宾举行会谈。
（详见：https://www.president.am/en/foreign-visits/page/3/）</td></tr>
<tr><td>外国（中国除外）领导人访问该国</td><td>2012 年 3 月，时任亚美尼亚总统谢尔日·萨尔基相访问新加坡，成为首位访问新加坡的亚美尼亚国家元首。亚美尼亚总统谢尔日·萨尔基相会见了新加坡总理李显龙，双方讨论了与不同领域发展合作有关问题，特别提到了深化亚美尼亚与新加坡之间经济合作的必要性。
2013 年 12 月 2 日，俄罗斯总统普京抵达亚美尼亚进行正式访问，两国元首首先商讨亚美尼亚加入关税同盟一事，并签署了 12 份有关安全、经济、能源等关键领域的协议；俄罗斯又降低亚美尼亚购买天然气须付的价格，并扩大俄罗斯在亚美尼亚的军事基地。
2015 年 2 月 26 日，美国负责欧洲和欧亚事务的助理国务卿维多利亚·努兰率领一个军民联合代表团前往亚美尼亚埃里温，会见亚美尼亚高级政府官员和民间社会代表，讨论广泛的双边和地区问题。在与政府高级官员会晤时，助理国务卿纽兰讨论了几个经济合作领域，包括清洁能源技术、信息技术部门、旅游业以及与亚美尼亚政府合作推动反腐败措施的新举措，包括电子政务采购的透明度。助理国务卿纽兰指出，这些举措不仅可以保护投资环境，保护国家的民主，还可以缩小外部干预经济的空间。美国副助理国防部长迈克尔·卡朋特 2016 年 11 月 2 日对亚美尼亚进行了工作访问。访问期间，他会见了谢尔日·萨尔基相总统以及亚美尼亚新任国防部长维根·萨尔基相。美国国务院欧洲和欧亚事务局副助理部长布里奇特布林克于 2018 年 5 月 27—28 日访问亚美尼亚，与新政府和民间社会人士会晤。
2017 年 8 月 23—24 日，土库曼斯坦总统别尔德</td></tr>
</table>

续表

版块	具体内容	说明
对外关系	外国（中国除外）领导人访问该国	穆哈梅多夫对亚美尼亚进行正式访问。别尔德穆哈梅多夫总统同亚美尼亚总统萨尔基相举行会谈并表示，土库曼斯坦视亚美尼亚为长期合作伙伴，希望扩大与亚方互利合作。萨尔基相表示，此访是两国关系史上的重要事件，愿加强与土方各领域合作。会谈结束后，两国元首签署《土库曼斯坦总统别尔德穆哈梅多夫和亚美尼亚共和国总统萨尔基相联合声明》，见证签署科技、教育、旅游、体育等领域9份合作文件，并共同会见记者。 2018年8月，德国总理默克尔访问亚美尼亚，会见了亚美尼亚总理尼科尔·帕什尼扬，德国希望承担政治责任，努力解决纳戈尔诺—卡拉巴赫地区长达数十年的冲突。
	参与的国际机制与国际组织	亚美尼亚是包括联合国在内的40多个国际组织的成员国——欧洲委员会、亚洲开发银行、独立国家联合体、世界贸易组织、世界卫生组织、国际货币基金组织、世界银行、世界海关组织、黑海经济合作组织等。2015年1月正式加入俄罗斯主导的欧亚经济联盟。亚美尼亚是集体安全条约组织军事联盟的成员，也参加了北约的和平伙伴关系计划。

参考文献

中文文献

专著/期刊文献

常颖、田欣欣：《“一带一路”国别概览：亚美尼亚》，大连海事大学出版社 2018 年版。

李敬等：《“一带一路”相关国家贸易投资关系研究：俄罗斯、蒙古、独联体其他六国》，经济日报出版社 2017 年版。

任飞、狄飞：《中亚五国与南高加索三国投资环境》，经济科学出版社 2018 年版。

薛力：《“一带一路”与“亚欧世纪”的到来》，中国社会科学出版社 2016 年版。

于立新等编：《国家战略：“一带一路”政策与投资沿线若干国家案例分析》，浙江大学出版社 2016 年版。

［美］威廉·恩道尔：《“一带一路”共创欧亚新世纪》，中国民主法制出版社 2016 年版。

期刊

白晓光：《独联体国家发生颜色革命的文化因素及给我国带来的启示》，《西伯利亚研究》2016 年第 3 期。

陈爱茹：《格鲁吉亚、亚美尼亚、阿塞拜疆三国共产主义运动评析》，《当代世界与社会主义》2014 年第 5 期。

段君泽：《亚美尼亚大规模抗议事件探析》，《国际研究参考》2015 年第 7 期。

关钢：《世界经济危机对亚美尼亚经济的影响》，《俄罗斯中亚东欧市场》2010 年第 2 期。

胡健：《近代历史上的亚美尼亚问题》，《求索》2005 年第 8 期。

黄孟芳、卢山冰、余淑秀：《以“欧亚经济联盟”为标志的独联体经济一体化发展及对“一带一路”建设的启示》，《人文杂志》2015 年第 1 期。

李静雅：《亚美尼亚“天鹅绒革命”初探》，《国际研究参考》2019 年第 1 期。

梁雪秋：《独联体国家“颜色革命”的危机背景研究》，《经济研究导刊》2016 年第 20 期。

陆齐华：《美国地缘战略中的亚美尼亚》，《东欧中亚研究》2001 年第 5 期。

马晓华：《近年中国和亚美尼亚两国的双边关系》，《中外企业家》2015 年第 2 期。

沈健：《亚美尼亚进入“一带一路”电影合作视野》，《世界知识》2018 年第 24 期。

沈骚：《漫步“童话国度”——亚美尼亚》，《就业与保障》2019 年第 10 期下。

舒笙：《亚美尼亚：在夹缝中生存》，《国际展望》1996 年第 19 期。

孙玉华、任雪梅：《中国与亚美尼亚关系的历史、现状及前景展望》，《东北亚外语研究》2018 年第 1 期。

王晨星：《欧亚经济联盟发展态势评估及中国的战略选择》，《世界知识》2020 年第 6 期。

王晨星、姜磊：《欧亚经济联盟的理论与实践——兼议中国的战略选择》，《当代亚太》2019 年第 6 期。

王鸣野：《亚美尼亚的人口发展趋势及其影响》，《新疆社会科学》2019 年第 2 期。

韦进深：《欧亚经济联盟的制度设计与“一带一盟”对接的模式与路径》，《国际关系研究》2020 年第 2 期。

肖影：《独联体地区国家贸易便利化进展评析》，《俄罗斯研究》2014 年第 4 期。

徐坡岭、韩爽：《中东欧独联体政治经济转型 20 年：约束条件与转型政策、策略选择》，《俄罗斯研究》2011 年第 5 期。

徐坡岭、黄茜：《地缘与区域生产分工网络对亚美尼亚经济发展的影响》，《欧亚经济》2019 年第 5 期。
徐坡岭、那振芳：《亚美尼亚经济一体化选择及在“一带一路”建设中的机遇》，《俄罗斯学刊》2018 年第 1 期。
杨进：《亚美尼亚：亚拉腊山一般的民族》，《世界知识》2007 年第 24 期。
杨进：《饱经风霜的民族——亚美尼亚人》，《俄罗斯中亚东欧市场》2008 年第 6 期。
杨进：《欧美国家的亚美尼亚人》，《世界知识》2012 年第 5 期。
杨进：《亚美尼亚政局将进入动荡期吗》，《世界知识》2016 年第 16 期。
杨进：《亚美尼亚“天鹅绒革命”及其逻辑》，《世界知识》2018 年第 10 期。
杨进：《亚美尼亚政治危机探析——兼论中国与亚美尼亚“一带一路”合作》，《俄罗斯东欧中亚研究》2019 年第 5 期。
杨石乔：《亚美尼亚移民的血泪与欢歌》，《戏剧文学》2008 年第 12 期。
俞毅、潘奇杰：《中国同独联体国家自贸区建设的经济效应分析——基于“欧亚经济联盟”背景下》，《当代经济》2016 年第 12 期。
张弘：《独联体经济一体化中的认同困境》，《俄罗斯东欧中亚研究》2014 年第 3 期。

张弘：《民族主义与政治转型的相互影响——以亚美尼亚为案例的研究》，《俄罗斯东欧中亚研究》2018 年第 3 期。

张晓玲、梁英超：《浅析亚美尼亚和阿塞拜疆关系正常化的阻碍性因素》，《西伯利亚研究》2013 年第 6 期。

张晓涛、蒙思丞：《"一带一路"倡议下的中国与亚美尼亚能源合作》，《海外投资与出口信贷》2019 年第 2 期。

中国驻亚美尼亚使馆经商参处：《亚美尼亚需要中国的优质商品》，《中国经贸》2013 年第 8 期。

[俄] 季莫菲·博尔达切夫：《中国可靠的合作伙伴——欧亚经济联盟这五年》，《中国投资》2020 年第 1 期。

[法] 让-皮埃尔·马艾：《亚美尼亚人和中国》，《复旦学报》（社会科学版）2014 年第 3 期。

[法] S. 拉克鲁瓦等：《亚美尼亚沃罗特纳小水电站的重建》，《水利水电快报》2009 年第 2 期。

[哈] 吉戈尔·贾那布尔：《对欧亚经济联盟及其表现的初步评估》，《东北亚经济研究》2019 年第 6 期。

[亚] 阿依科·马尔季罗相：《亚美尼亚的经济发展与后苏联时代的对外经济联系》，《俄罗斯中亚东欧市场》2009 年第 2 期。

[亚] 阿依科·马尔季罗相:《亚美尼亚加入欧盟的前景分析》,《俄罗斯东欧中亚研究》2008年第3期。

[亚] 卡拉佩特·卡连强:《世界新秩序和亚美尼亚安全》,《俄罗斯东欧中亚研究》2009年第3期。

报纸

《"我们会积极参与'一带一路'建设"——访亚美尼亚驻华大使谢尔盖·马纳萨良》,《人民日报》2016年6月29日第3版。

《亚美尼亚:"诺亚方舟之国"静候中国投资者》,《21世纪经济报道》2017年8月21日第6版。

田二龙:《牵手亚美尼亚》,《人民日报》2015年8月14日第3版。

网络资源

《中华人民共和国和亚美尼亚共和国关于进一步发展和深化友好合作关系的联合声明》,外交部网站,https://www.fmprc.gov.cn/web/ziliao_674904/1179_674909/t1248599.shtml。

储殷、柴平一:《"一带一路"投资政治风险研究之亚美尼亚》,中国网,http://opinion.china.com.cn/opinion_25_128825.html。

商务部国际贸易经济合作研究院等:《对外投资合作国别(地区)指南:亚美尼亚(2018年版)》,中国一带一路网,https://www.yidaiyilu.gov.cn/zchj/

zcfg/6858. htm。

学位论文

李迪：《亚美尼亚民族主义与纳卡冲突的爆发》，硕士学位论文，华东师范大学，2019 年。

王皓：《试析亚美尼亚大屠杀与美国的反应》，硕士学位论文，云南大学，2018 年。

武志杰：《离散族裔对母国影响评析——基于俄美亚美尼亚离散族裔的比较》，硕士学位论文，华东师范大学，2018 年。

［亚］安娜（Anna Sahakyan）：《〈骆驼祥子〉在亚美尼亚的传播》，硕士学位论文，华东师范大学，2012 年。

［亚］郜勇（Koryun Ghazaryan）：《亚美尼亚与俄罗斯的关系探析》，硕士学位论文，吉林大学，2014 年。

［亚］米丽娜（Milena Muradyan）：《亚美尼亚的汉语教育》，硕士学位论文，陕西师范大学，2015 年。

外文文献

专著

Christopher J. Walker, *Armenia*: *The Survival of A Nation*, London: Croom Helm, 1980.

Mher Sahakyan, *China's One Belt*, *On Road Initiative and Armenia*, Yerevan, 2018.

Sassoon Grigorian, *Smart Nation: A Blueprint for Modern Armenia*, *London: Gomidas Institute*, 2016.

Stiina Loytomaki, *Law and the Politics of Memory: Confronting the Past*, Routledge, 2014.

Svante Cornell, *Small Nations and Great Powers: A Study of Ethnopolitical Conflict in the Caucasus*, Routledge, 2005.

Thomas De Waal, "*Black garden*", *Armenia and Azerbaijan through Peace and War*, New York: NYU Press, 2003.

期刊论文与报告

Benyamin Poghosyan, "Armenia-China: Strategic Partnership for Mutual Benefits", *Armenia*, October 2019.

Julien Zarifian, "The Armenian-American Lobby and Its Impact on U. S. Foreign Policy", *Society*, 2014, 51 (5).

Raffi Elliott, "Is Armenia Playing a Dangerous Game with China?", *Armenia Weekly*, January 2019.

Roie Yellinek, "Opinion-The Impact of China's Belt and Road Initiative on Central Asia and the South Caucasus", *E-International Relations*, February 2020.

Simon Saradzhyan, "Armenia and China—Case for a Special Partnership", Belfer Center for Science and International Affairs, 2012.

Sofia Bergmann, "Armenia in the Belt and Road Initiative", EVN Report, December 2019.

Tigran Sirekanyan, "It's Time for Armenia to Become Part of New Silk Road-Armenian President Meets with Chinese Delegation", Armen Press, April 2019.

"China in the Caucasus: For Armenia, Azerbaijan, and Georgia, China is an Important Investor and Possible Regional Stabilizer", ANI Armenian Research Center, February 2016.

英文学位论文

［亚］阿米尼·哈鲁特云扬（Armine Harutyunyan）：《亚美尼亚旅游业及“中”“亚”旅游发展研究》，硕士学位论文，山西大学，2016 年。

［亚］贝拉·瓦斯良（Bella Vasilyan）：《IT 行业对亚美尼亚经济增长的影响研究》，硕士学位论文，江西财经大学，2018 年。

［亚］盖夫（Gevorg Baghdasaryan）：《中国与亚美尼亚经济合作及其增长》，硕士学位论文，复旦大学，2009 年。

［亚］哈克布·阿布拉哈明（Hakob Abrahamyan）：《亚美尼亚竞争力提升问题研究——以农业和食品加工业为例》，硕士学位论文，武汉理工大学，2012 年。

［亚］杰沃格·加斯帕扬（Gevorg Gasparyan）：《论析亚美尼亚族群在所在国外交决策中的影响及其局限性——以美国和俄罗斯为例》，博士学位论文，吉林

大学，2019 年。

［亚］杰沃格·加斯帕扬（Gevorg Gasparyan）：《非对称同盟之间的贸易——以俄罗斯与亚美尼亚在南高加索地区的同盟与贸易为例》，硕士学位论文，吉林大学，2016 年。

［亚］露西娜（Lusine Ghazaryan）：《来自国际贸易的技术外溢——以亚美尼亚和中国为例》，博士学位论文，复旦大学，2005 年。

［亚］梅里妮·索菲扬（Meline Sofyan）：《南高加索经济走廊和中国“一带一路”亚美尼亚观点》，硕士学位论文，厦门大学，2018 年。

［亚］希里普斯米·阿格哈贝克扬（Hripsime Aghabekyan）：《亚美尼亚吸引外资影响因素实证研究》，硕士学位论文，江西财经大学，2018 年。

网络资源

“Azerbaijan Threatens Chernobyl-Style ‘Catastrophe’ In Caucasus Drone War”, https://www.forbes.com/sites/davidhambling/2020/07/17/threat-of-chernobyl-style-catastrophe-in-caucasus-drone-war/#93093bb7946a.

A. Aleksanyan, “Labor Migration of Armenians into Russia: Problems and Prospects”, http://www.ysu.am/files/Labor-Migration-of-Armenians-into-Russia.pdf.

Asian Development Bank, “Armenia, Key Indicators 2018

(XLSX)", https://data.adb.org/dataset/armenia-keyindicators.

"World Population Prospects 2017", https://population.un.org/wpp/Download/Standard/Migration.

"Налоговые маневры" по-армянски, или 10 важных событий в экономике в 2018 году, https://ru.armeniasputnik.am/economy/20181227/16454656/hleb-pensioneram-zrelishcha-rabochim-vazhnejshie-sobytiya-ehkonomiki-armenii-v-2018-m.html.

Айкануш Чобанян. Возвратная миграция и вопросы реинтеграции: Армения, http://www.carim-east.eu/media/CARIM-East-RR-2013-04_RU.pdf.

В Армении не будет крайне бедных пенсионеров: минимальная пенсия с1 января 2019 года значительно повысится, http://newsarmenia.am/news/society/v-armenii-ne-budet-krayne-bednykh-pensionerov-minimalnaya-pensiya-s-1-yanvarya-2019-goda-znachitelno.

В новом парламент е Армении будет больше депутатов: ЦИК утвердила число мандатов, https://ru.armeniasputnik.am/politics/20181216/16278048/v-novom-parlamente-armeni-budet-bolshe-deputatov-cik-utverdila-chislo-mandatov.html.

Сторонник Пашиняна станет мэром Еревана: подсчет

голосов завершен, https://ru. armeniasputnik. am/politics/20180924/14650015/yerevan-vibori-mer. html.

Никол Пашинян избран премьер-министром, https://ru. armeniasputnik. am/politics/20180508/11780005/parlament-izbral-nikola-pashinyana-premer-ministrom. html.

Коммунисты Армении провели свой XXXVIII съезд, http://www. kpu. ua/kommunisti-armenii-proveli-svoj-xxxviii-sezd/ ,30ноября,2010г.

Мэр Еревана подал в отставку, https: //ria. ru/20180709/1524234550. html.

Пашинян добился роспуска парламент а Армении, https://ria. ru/20181101/1531947883. html.

Парламент Армении сделал первый шаг к роспуску: Пашинян не избран премьером, https://regnum. ru/news/2506939. html.

Пашинян подал в отставку, https://ria. ru/20181016/1530804232. html.

"National Security Strategy of the Republic of Armenia", https://www. seco. am/pdf/Armenia% 202020% 20National%20Security%20Strategy. pdf.

政府：www. gov. am

外交部：www. mfa. am

国防部：www. mil. am

紧急情况部：www. mes. am

司法部：www. moj. am

劳动和社会事务部：www. mlsa. am

教育科学文化体育部：www. edu. am

环保部：www. mnp. am

卫生部：www. moh. am

财政部：www. minfin. am

经济部：www. mineconomy. am

国土管理和基础设施部：www. mtad. am

高新技术部：www. mtcit. am

中央银行：www. cba. am

民航总局：www. aviation. am

国家城市发展委员会：www. minurban. am

国家收入委员会：www. customs. am

食品安全监察局：snund. am

国家统计局：www. armstat. am

工商会：www. armcci. am

企业家与雇主联盟：umba. am

亚美尼亚“中国—欧亚战略”研究中心：chinastan. org

埃里温国立大学：www. ysu. am

亚美尼亚斯拉夫大学：rau. am

亚美尼亚美利坚大学：aua. am

郑云天，1985 年生于内蒙古，毕业于清华大学，获法学博士学位，现为中国人民大学国际关系学院副教授、世界社会主义研究所所长、中国人民大学国家发展与战略研究院“一带一路”研究中心助理主任，兼任中国国际共运史学会常务理事、北京市国际共运史学会秘书长、亚美尼亚“中国—欧亚地区政治与战略研究会”学术委员会委员等职。

主要研究领域为科学社会主义、中国特色社会主义理论与实践、“一带一路”沿线国家研究（南高加索地区）等。多年来，主持承担并参与多项国家社会科学基金项目和国家部委项目，独著或参与撰写中英文著作十余部，担任国家“马克思主义理论研究和建设工程”教材《科学社会主义概论（第二版）》编委会主要成员，在《人民日报》《光明日报》《解放军报》《北京日报》《红旗文稿》《教学与研究》《当代世界与社会主义》《前线》等国内外各类重要期刊发表文章 30 余篇，其研究成果在国内外相关研究领域具有广泛影响力。